JN418164

남자가
출산휴가를 간다면?

아빠노동자 형성을 위한
남성 육아휴직 사례 연구

454
아산재단 연구총서

저출산 · 고령화 시대와 한국형 사회복지

남자가 출산휴가를 간다면?

아빠노동자 형성을 위한
남성 육아휴직 사례 연구

최새은
정은희
최슬기

집문당

최새은 서울대학교 소비자아동학과 졸업
위스콘신 주립대학교 인간발달 및 가족학과 대학원 졸업(가족학박사)
현재 한국교원대학교 가정교육학과 교수

정은희 숙명여자대학교 아동복지학과 졸업
위스콘신 주립대학교 사회복지학과 대학원 졸업(사회복지학 박사)
현재 한국보건사회연구원 부연구위원

최슬기 서울대학교 사회학과 졸업
노스캐롤라이나대학교 사회학과 대학원 졸업(사회학박사)
현재 KDI국제정책대학원 교수

아산재단 연구총서 454

저출산 · 고령화 시대와 한국형 사회복지

남자가 출산휴가를 간다면?

아빠노동자 형성을 위한 남성 육아휴직 사례 연구

2019년 12월 30일 1판 1쇄

저자 | 최새은, 정은희, 최슬기
발행인 | 임동규
발행처 | **(주)집문당**
등록 | 1971. 3. 23. 제2012-000069호
주소 | 03134 서울시 종로구 돈화문로 82, 5층
전화 | +82-1811-7567
이메일 | sale@jipmoon.com
홈페이지 | www.jipmoon.com

ISBN 978-89-303-1852-5 94330
978-89-303-1500-5(세트)

가격 13,000원

머리말

며칠 전 2019년 합계출산율이 발표되었다. 0.92, 기록적인 수치이다. 이 숫자는 여러 가지 의미를 지니고 있다. 그 중에서도 제일 중요하게 바라볼 측면은 청년세대의 어려움이다. 자녀를 낳고 싶은 만큼 낳지 못하는, 원하지 않는 선택을 강요당한 젊은 세대의 아우성이고 분노에 찬 외마디일 것이다. 관련 분야 연구자이자 기성세대로서 아프게 바라보고 있다.

저출산에서 벗어나려면 가정과 일터에서 성평등한 문화가 형성되어야 한다. 이미 국내외 많은 연구와 해외사례를 통해 답은 알려져 있다. 문제는 어떻게 성평등한 사회를 만들 수 있느냐이다. 여성의 어려움을 중심으로 두고 바라봐서는 한계가 있다는 것이 저자의 문제의식이었다. 다함께 바뀌어야 한다. 어느 일방이 아니라 남자도 함께 뛰어들어 가정과 일터의 부담을 함께 나누며 변화해야 한다.

무엇이든 첫 시작이 중요하다. 새로운 환경을 맞이하면 좌충우돌하는 가운데 점차 적응하게 되고 이에 맞는 새로운 규칙들이 만들어진다. 아이가 태어나면 부모의 삶은 크게 변화한다. 이 변화를 아빠와 엄마가 함께 온몸으로 경험하게 되면 가정과 일터에서 새로운 문화가 만들어지지 않을까? 유럽 국가를 중심으로 출산휴가에 이은 육아휴직에 아빠 참여를 장려하는 제도가 도입되고 있다. 아빠의 역할이 중요하다고 생각했기 때문이다. 우리나라에서 이런 제도를 도입하려면 어떤 형태가 가능할까? 도입된다면 우리나라에서도 긍정적 효과가 나타날 수 있을까? 질문이 꼬리를 물었다.

그 때 A기업의 사례를 만났다. 2017년 1월부터 남성 육아휴직의무제를 전격 도입한 지 일 년여 지난 시점이었다. 학술적으로 분석해볼 만큼 사례가 모일 만했다. A기업 사례에 이어서 여타 개별 사례들을 모아보면 새로운 길을 찾아볼 수도 있겠다 싶었다.

연구팀은 바로 구성되었다. 가족학 전공의 최새은 교수, 사회복지학 전공의 정은희 박사, 사회학 전공의 최슬기 교수가 의기투합했다. 최새은 교수는 박사논문부터 아버지됨에 대한 연구를 계속해왔다. 정은희 박사는 아버지의 자녀양육 참여에 대해 연구해왔다. 최슬기 교수는 저출산을 포함한 인구문제를 연구해왔다. 우리 세 연구자는 자녀출산만으로 아버지라는 새로운 지위가 제대로 형성되는 것이 아니라는 데 공감했다. 새로운 정체성을 형성하려면 일정 수준 이상의 물리적 접촉이 필요한데 우리나라의 아빠들은 이에 미치지 못하는 경우가 많다는 문제의식을 가졌다.

우리의 질문은 '아빠출산휴가'와 '아빠노동자'라는 두 가지 단어를 찾아가는 과정이기도 했다. 인터뷰 과정에서, 인터뷰 결과를 분석하며, 그리고 서로간 토론을 이어가며 핵심단어는 두 가지로 제련되었다. 가정과 일터에서 성평등한 문화를 만들어내는 데 '아빠노동자'의 등장이 방법이 될 수 있음을 확인하고 또 확인하였다. '아빠노동자'라는 새로운 역할정체성을 형성하는 길로 '아빠출산휴가'가 효과적일 수 있음도 발견하였다.

이 책이 만들어지는 과정에서 많은 분들의 도움을 받았다. A기업을 섭외하는 과정에서 저출산고령사회위원회의 도움을 받았다. A기업에서도 개별 인터뷰참가자를 선별하고 섭외하는 과정에서 적극 도움을 주셨다.

아산사회복지재단은 연구의 규모를 키워서 연구성과를 이렇게 책으로 나올 수 있게 만드는 데 재정적인 도움을 주셨다.

무엇보다 인터뷰에 참여해서 생생한 이야기를 들려준 연구 참여자들의 도움이 컸다. 기꺼이 자신의 시간을 할애해서 솔직한 이야기를 들려주신 연구 참여자들께 감사 인사를 드린다. 혹시라도 글 내용 중에 아쉬운 점이 있다면, 이는 참여자들의 생각을 충분히 담아내지 못한 저자의 잘못이다.

연구가 진행되는 동안 연구진에게 조언을 아끼지 않으신 자문위원들께 감사드리며, 인터뷰 일정과 전사 작업 및 연구에 필요한 제반 업무를 도와준 연구조교 최예지, 김정은, 김혜지에게 고마움을 전한다. 이 책의 1장과 2장은 전문학술지에 게재된 바 있다. 전재를 허락해주신 〈가족과 문화〉와 〈보건사회연구〉 측에도 감사를 드린다. 끝으로 거친 문장을 다듬고 편집을 해 주신 집문당 선생님들께도 감사드린다.

이 모든 분들 덕에 이 책이 나올 수 있었다. 깊은 감사의 마음을 전한다.

2019년 12월

최새은, 정은희, 최슬기

차례

표/그림 차례

서 장

서 장

2005년도에 저출산고령사회 기본계획이 처음 만들어진 이후, 저출산 문제 해결을 위한 정책들이 수립, 집행되기 시작하였다. 관련 예산도 해마다 증가하여, 2018년도에는 한 해 예산이 30조 원을 넘어서는 규모가 되었다. 2018년도에 태어난 출생아수와 단순 대비하면 신생아 1인당 9,360만 원에 달하는 엄청난 규모이다.

하지만 이러한 투자에도 불구하고 저출산 문제는 해결의 실마리가 보이지 않고 있다. 합계출산율은 2002년도부터 2019년 현재까지 내내 초저출산을 벗어나지 못하고 있다. 급기야 2018년도에는 1.0 아래로 떨어졌고, 2019년도에는 0.92까지 하락했다. 정책대상인 젊은 세대의 좌절감도 여전하다. 저출산 정책에도 불구하고, 출산과 양육환경이 개선되고 있다고 느끼기보다는 어려움이 가중되고 있다고 여기고 있다.

무엇을 어떻게 바꾸어야 할까? 2017년에 저출산고령사회위원회는 기존 정책의 방향성에 문제를 인식하고 패러다임 전환을 제시하였다. 즉, '출산율과 출생아수를 목표로 하는 국가주도 출산정책'에서 '삶의 방식에 대한 개인의 선택권을 존중하고 삶의 질을 향상시키는 사람중심 정책'으로 전환을 주장하였다. 이는 과거 정책이 정책대상인 젊은 세대, 특히 가임기 여성들을 국가목표 달성을 위한 하나의 도구처럼 여기고 있었다는 반성을 바탕으로 하고 있다. 젊은 여성들은 자신을 국가목표 달성을 위한 하나의 수단으로 취급한다는 것에 강한 반감을 표출했다. 2016년 말 있었던 출산지도 해프닝은 잘못된 방향성을 지닌 저출산정책들이 어떻게 수요자들에게 받아들여지고 있는가를 보여준 대표적 사건이다. 행정자치부가 지자체별 출산통계와 출산지원 서비스를 쉽게 찾아볼 수 있게 하겠다며 구축한 홈페이지에 가임기 여성인구수를 지자체별 순위에 따라 분홍색 명도가 구분되도록 지도에 나타내자, 이를 국가에게 '여성이란 임신할 수 있는 자궁을 가진 정책대상자', 심지어 '여성은 가축과도 같은 존재'로 인식한다는 비판이 쏟아져 나왔다(중앙일보 2016.12.29). 이처럼 잘못된 방향성을 지닌 정책은 효과는커녕 반감만을 불러와 정책효과를 기대하기 어렵게 만든다.

방향 전환은 필요했다. 하지만 그것만으로는 부족하다. 개개인의 선택을 존중하고, 인권을 존중하는 방향으로 정책을 집행하는 것만으로 저출산 문제가 해결될 수 있을까? 여기서 먼저 한 가지 짚고 넘어가야 할 질문이 있다. 젊은 세대의 자녀수가 줄어든 것은 그들이 낳기 싫어서 덜 낳는 것인가, 아니면 낳고 싶은데 못 낳는 것인가? 젊은 세대의 가치관과 나이 든 세대의 가치관이 달라진 것은 분명하다. 젊은 세대가 개인의 삶을 더 소중히 여기고, 자녀의 필요성을 과거보다 적게 느끼는 것도 여러 조사에서 증명된 바 있다. 그렇다 해도 우리 사회가 겪고 있는 저출산 문제를 해결하기 위해서 젊은이들에게 더 많은 아이를 낳길 원하도록 가르치자는 주장엔 동의하기 어렵다. 그것은 적어도 지금 낳고 있는 자녀수보다는 더 많은 아이를 젊은 세대도 갖길 원하고 있다고 연구진은 판단하기 때문이다. 〈표 1〉은 한국보건사회연구원에서 3년마다 실시하고 있는 전국

표 1 기혼여성(15~49세)의 이상 자녀 수

	0명	1명	2명	3명	4명 이상	모르겠음	평균	샘플수
2015년	0.2	7.0	65.9	19.9	5.7	1.3	2.25	11,009
2018년	0.4	9.9	63.6	17.0	4.1	5.0	2.16	11,207
25세 미만	-	15.5	65.8	9.0	-	9.7	1.93	81
25-29세	0.1	11.0	68.5	12.8	1.7	6.0	2.05	490
30-34세	0.3	10.7	68.9	13.4	1.6	5.2	2.06	1,541
35-39세	0.4	10.7	64.1	17.0	2.6	5.2	2.12	2,643
40-44세	0.3	9.2	64.6	16.4	4.9	4.5	2.18	2,861
45-49세	0.5	9.3	59.4	19.8	6.0	4.9	2.23	3,592

자료: 2015년과 2018년 전국 출산력 및 가족보건 · 복지 실태조사, 한국보건사회연구원.

출산력 및 가족보건 · 복지 실태조사 결과 중 15~49세 사이의 기혼여자들을 대상으로 이상 자녀 수를 물은 결과이다. 이상 자녀 수는 응답자가 자신이 처한 상황과 무관하게 스스로 이상적으로 생각하는 자녀수를 말한다. 놀랍게도 이상 자녀 수 평균치는 2명 부근을 유지하고 있다. 2015년 2.25명에서 2018년 2.16명으로 소폭 하락하였지만 만약 이들이 원하는 만큼 충분한 아이를 가졌다면 지금처럼 저출산 문제가 심각하지는 않을 것이다. 2018년 조사자료를 바탕으로 기혼여성들을 연령대별로 나누어 본 경우에도 비록 젊은 연령대일수록 이상 자녀 수가 소폭 하락하는 경향성은 나타나지만 2명 부근을 유지하고 있음을 확인할 수 있다.

기혼자가 자녀를 둘은 갖기를 원하는 게 보편적이라면, 미혼인 경우는 어떠할까? 기혼과는 다르게 미혼자들은 혼인도, 자녀를 낳기도 원치 않는 것이 아닐까? 그런데 〈표 2〉는 미혼남녀의 이상 자녀 수도 기혼여성들과 별반 다르지 않음을 보여준다. 2018년 미혼여성의 이상 자녀 수는 1.83명이었다. 같은 시기 미혼 남성들은 1.88명을 이상적인 크기로 답하였다.

표 2 미혼여성과 남성(20~44세)의 이상 자녀 수

	0명	1명	2명	3명 이상	모르겠음	평균	샘플수
미혼여성							
2015년	0.7	13.8	66.1	11.9	7.6	1.98	1,287
2018년	0.9	21.9	56.1	8.1	12.9	1.83	1,324
미혼남성							
2015년	0.8	15.0	68.6	11.7	3.9	1.96	1,096
2018년	0.5	17.6	64.8	7.6	9.5	1.88	1,140

자료: 2015년과 2018년 전국 출산력 및 가족보건 · 복지 실태조사, 한국보건사회연구원.

1.98명으로 집계된 2015년 조사보다는 소폭 하락한 수치이다. 하지만 어느 경우든 이들의 이상치는 현실과 괴리가 큰 것을 알 수 있다.

결국 우리가 겪고 있는 저출산 문제는 젊은 세대가 처하고 있는 현실적 어려움 때문에 이들이 자신이 희망하는 만큼 자녀를 갖지 못해 발생하는 문제라고 볼 수 있다. 이들이 자신이 원하는 삶을 살아갈 수 있도록 역량을 키워주는 방향으로 사회가 재설계될 필요가 있다.

여기에서 부모됨 역량을 키우는 방안으로 연구진이 주목한 것이 아빠의 역할이다. 기존 연구들과 정부 정책들은 여성을 중심에 두고 사고하는 경우가 많았다. 우리는 부모의 한 축인 남성이 변화해야 실질적 변화가 이루어질 수 있다고 보았다. 부모의 역량이 중요한 것은 이들이 자녀를 키우는 담당자이자 자녀를 키우는 즐거움을 누리는 주체이기도 하기 때문이다. 힘들 때 돕는 것만으로는 한계가 있다. 양육의 즐거움을 느낄 수 있어야 출산을 선택할 것이다. 낳기만 한다면 국가가 키워주는 것이 가능하지도 않겠지만, 진정 바라는 바도 아닐 것이다. 아빠와 엄마가 함께 할 때 부담은 나누어지고 즐거움은 배가 될 수 있다. 이러한 즐거움을 누릴

역량을 갖기 위해서는 무엇보다 여성 혼자 짊어진 '독박 육아'라는 틀을 깨트릴 필요가 있다.

출산과 양육이 어려운 일로 여겨지는 현상은 두 차원의 경계경직성(boundary rigidity)을 통해 진단해볼 수 있다. 하나는 가정과 일터 사이 경계의 경직성 문제이다. 한 사람이 가정과 일터 두 영역의 역할을 동시에 가지고 있는데 그 경계를 넘나들기가 어려운 경우가 있다. 흔히 워킹맘이 경험하는 역할 갈등이다. 일하는 엄마가 일터와 가정 사이를 오가며 맡은 일을 해내는 것이 너무 버겁다면 여성은 결국 둘 중의 하나만을 선택할 것이다. 어머니 역할만을 선택한 여성은 경력단절을 감수하고, 노동자 역할을 선택한 여성은 출산을 연기하거나 후속 출산을 포기한다(김혜원, 2010; 유계숙, 2012; d'Addio & d'Ercole, 2005). 다른 차원은 부모의 역할에 대한 남녀의 역할 경계가 경직되어서 발생한다. 함께 해야 하는 '부 · 모' 역할이 한 쪽, 즉, 엄마에게로만 집중되는 것이다. '독박육아'라

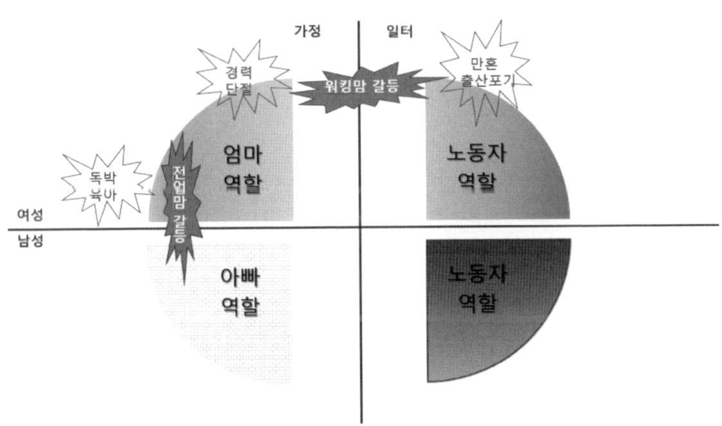

그림 1 영역 경직성으로 인한 저출산 문제

고 일컬어지는 이 현상은 부모 역할에 대한 젠더 경직성으로 인해 발생한다. 부모역할에 지치고 좌절한 여성들이 만연한 상황에서는 자녀 출산을 처음부터 기피하거나 추가 출산을 포기하는 선택을 하기 쉽다. 〈그림 1〉은 가정과 일터에서 경계 경직성과 엄마와 아빠의 부모역할 경계 경직성을 표현한 것이다.

이러한 어려움으로 인해 발생하는 저출산 문제를 해결하기 위하여 '일-가정 양립' 방안이 지난 10여 년간 핵심적인 정책 중의 하나로 시행되어 왔다. 즉 정책적 초점은 〈그림 1〉에서 보여줬던 여성의 가정과 일터에서의 경계 경직성이 점차 완화 또는 유연해 지는 방향으로 변화해 가고 있다. 그러나 남성의 일과 가정에서의 경계 경직성을 완화시키는 방향으로 확대하고 있진 않다(〈그림 2〉). 실제로 정부 시책을 보면, 고용노동부에서는 2007년 「남녀고용평등과 일 · 가정 양립 지원에 관한 법률」을 전면 개정한 이후, 배우자 출산휴가제('08), 육아기 근로시간 단축제('08), 유

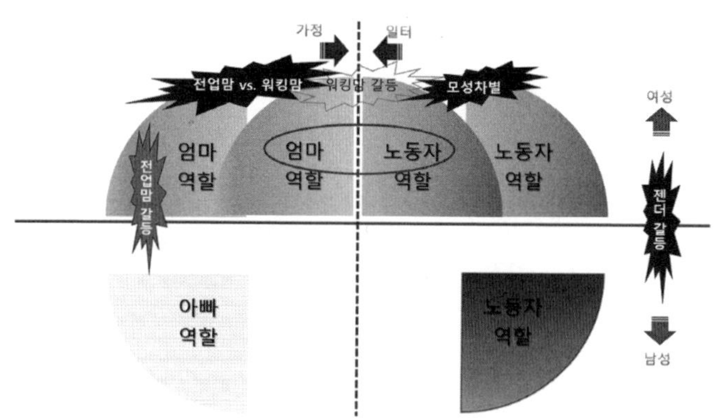

그림 2 지난 10년간 기업의 가족친화제도의 효과

연근무제(`10) 실시 등을 통해 일 · 가정 양립 지원 제도를 마련하였고, 전체 육아휴직자도 2007년 2만여 명에서 2014년에는 8만여 명에 육박하는 수로 크게 늘었다. 여성가족부에서도 2007년 「가족친화 사회환경의 조성 촉진에 관한 법률」을 제정하여 기업의 참여와 협력을 촉진하기 위한 제도로서 가족친화 인증제를 마련하였다. 이는 가족친화제도를 적극적으로 활용하고 있는 우수한 공공기관 및 민간기업에 인증을 부여하고, 인증기업들에 대한 다양한 지원정책을 제공함으로써 가족친화적인 노동환경을 조성하는 것을 목적으로 한다. 가족친화인증을 받은 기업 및 기관은 그리하여 2008년 14개에서 2015년 1,363개로 크게 늘었다.

이렇게 기업이 역할 주체가 되어 가족친화문화를 조성하는 사업의 경우 결국 일터가 '아이를 잘 키울 수 있는 환경'이 되어야 한다는 시각을 반영한다. 가정 영역과 일 영역의 거리를 가깝게 하는 것이 목표인 것이고(〈그림 1〉의 가로축), 타겟이 되는 정책수혜자는 '엄마 노동자'이었다. 여기에는 출산이나 자녀 양육이 여성의 경제활동 참여에 걸림돌이 되지 않고 '양립'할 수 있는 환경을 마련하는 것이 곧 가족친화적인 환경이라는 관점이 존재한다. 유연근무제나 탄력근무제, 출산휴가, 육아휴직 등의 엄마노동자를 위한 정책이 그들의 일-가정 간의 역할 갈등을 완화시킨 측면이 분명 존재한다(이진숙, 2008; 이채정, 2009; 홍승아, 2010). 그러나 이러한 관점에서의 가족친화적 환경이란 다양한 가족이 아니라 맞벌이 가족만의 환경이라는 제한점이 있다. 예를 들어, 유연근무제나 육아휴직 제도와 같은 가족친화제도를 통해 가정과 일터 간의 거리가 좁혀지더라도, 전업맘이 자녀를 낳고 키우면서 힘든 상황에서는(〈그림 1〉의 세로축)

별다른 도움을 주지 못하고 있다(〈그림 2〉 참조).

오히려 워킹맘의 위치가 이동함에 따라 엄마 역할 영역은 확장되어 점점 더 엄마에게 기대되는 역할이 많아져 엄마 노릇이 어렵고 힘들다는 생각을 하는 경우가 생겨나고 있다(김진욱, 2005; 김혜경, 2010; 마경희, 2008; 은기수, 2009; 통계청, 2017). 엄마들 사이에서 전업맘과 워킹맘으로 나뉘어 불필요하고 소모적인 갈등을 야기하는 일들이 발생하기도 한다. 또한 가족친화적인 제도가 만들어지면서 가정과 일터 간의 경계는 약화되었지만(〈그림 2〉의 점선) 젠더에 따른 영역 경계는 여전히 견고한 상황이다(〈그림 2〉의 실선). 이러한 상황에서는 제도를 활용하는 것도 워킹맘들뿐이어서 결과적으로 젠더 갈등을 심화시키는 메커니즘으로 작동하기도 한다(김유경 · 구혜령, 2016; 김혜영, 2010; 이진숙 · 이슬기, 2015; 서혜영 · 이숙현, 1999; 송혜림 외, 2010, 장영은 외, 2011; Clark, 2000; Duxbury & Higgins, 2003; Wadsworth & Wens, 2007). 예를 들어, 육아휴직 사용 인원은 매년 꾸준히 증가하여 2016년에 9만 명에 육박하고 있으나 육아휴직을 이용하는 남성 근로자수는 여성에 비하면 여전히 소수에 불과하다. 육아휴직자 중 남성 비율이 크게 상승하고 있는 것은 긍정적인 측면이지만 이는 과거에 남성 육아휴직자가 워낙 적었던 이유가 크다. 전체 육아휴직자 대비 남성 육아휴직자 비율은 2011년에는 2.4%에 지나지 않았고 2014년에는 4.5%, 2016년에도 8.5% 정도에 그치고 있다.

가족친화적 조직문화를 성공적으로 조성하고자 한다면 '아빠노동자', 소위 '워킹 대디'에 주목할 필요가 있다. '워킹 대디'는 언론을 중심으로 새로운 남성의 유형으로 제시되고 있는 용어이다. 여기에는 남성 노동자를

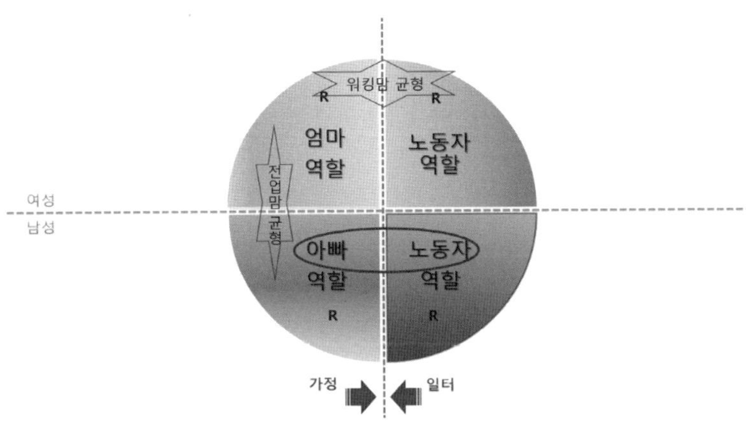

그림 3 아빠노동자를 위한 가족친화제도

하나의 동질적인 집단으로 파악하는 것이 아니라 부(父)성을 가진 남성과 그렇지 않은 남성으로 구분해서 보는 시각이 선행되어 있다. 즉, 여성 안에서도 전업맘, 워킹맘, 골드미스, 딩크족 등 다양한 유형이 존재하는 것처럼 남성도 다양한 유형이 존재할 수 있음을 받아들일 필요가 있다.

이를 바탕으로 '아빠노동자'의 일과 가정 영역 간의 거리를 좁히고 투과성을 높이는 방향으로 전환이 이루어져야 한다(〈그림 3〉). 지금까지 기업의 워킹맘 중심의 일-가정 양립 정책에서 벗어나 '워킹 대디'를 대상으로 보다 적극적으로 아빠 역할 수행을 지원하는 제도가 마련될 때, 예비부모를 포함한 모든 엄마 · 아빠들이 보다 균형적인 생활을 누릴 환경이 마련될 수 있을 것이라고 본다(〈그림 3〉).

아빠 역할과 노동자 역할을 동시에 가지고 있음에도 불구하고 많은 남성들이 아빠와 노동자로서의 역할 갈등을 경험하지 않는 것은, 나중에 추가된 아빠로서의 정체성을 충분히 형성하지 못했기 때문일 수 있다. 연구진은 아빠라는 정체성은 자녀를 낳는 것만으로 자연스럽게 획득할 수 있는 성격의 것이 아님에 주목하였다.

역할정체성 이론(role identity theory)에 따르면, 역할전이기에 새로운 정체성을 형성하려면 최소 수준 이상의 물리적 접촉의 시간을 확보하고 직접 경험해야만 그 역할에 대한 정체성을 형성할 수 있다(Stets & Burke, 2000). 여성의 경우는 출산을 직접 경험하고 산후조리와 신생아 양육기를 거치면서 절대적 시간이 확보되는 경우가 상대적으로 많다.

이에 반하여 남성노동자들은 자녀 출생 이후에도 아빠로서의 역할 수행과 새로운 관계 형성을 위한 시간을 충분히 갖지 못하는 경우가 많다. 그렇다면 가정과 일터 간의 영역이 분리된 채, 영역 간의 거리도 멀어지게 된다(〈그림 2〉). 여성이 90일의 출산전후휴가를 갖는 반면에 남성은 그동안 유급 3일과 무급 2일의 배우자출산휴가를 가질 뿐이었다. 2019년도 10월부터는 유급 10일로 배우자출산휴가가 늘어났지만 새로운 역할정체성을 형성하기에는 여전히 부족한 시간이라고 판단된다. 이 짧은 기간마저도 출산 직후 산부인과나 산후조리원과 같은 시설에서 상당부분 시간을 보내게 된다. 아빠가 된 남성들이 출생신고부터 아기용품 구매와 같은 역할을 수행하며 아기를 위한 주변환경만을 만들다가 이내 일터로 되돌아가버리고 만다면, '아빠노동자'라는 새로운 정체성이 형성되기를 기대하기는 어려울 것이다.

남성도 '아빠노동자'로 재탄생할 수 있어야 한다는 관점은 해외 몇몇 국가에서 새로운 제도의 형태로 반영된 바 있다. 스웨덴, 아이슬란드, 독일의 부모휴가 할당제가 그 예이다. 부모휴가 할당제도는 육아휴직 중에서도 '아버지의 돌봄권을 보장'하고 아빠로서의 정체성과 초기 자녀와의 관계 형성에 기여하기 위한 목적에서 만들어졌다. 부모휴가 할당제는 할당된 기간을 사용하지 않으면 상실되고, 배우자에게 전환할 수 없기 때문에 아빠들에게 강력한 인센티브로 작동한다(한지영, 2016). 최근 독일에서 남성 육아휴직자 비율이 2006년 3.5%에서 2013년 34%까지 급증하였고, 동시에 한동안 1.3대에 정체되어 있던 합계출산율이 2016년에 1.59까지 반등한 것은 이러한 제도 변화와 밀접한 관련이 있는 것으로 평가되고 있다.

아이를 낳았다고 모두 부모가 되는 것은 아니다. 부모가 되었다고 그 모습이 모두 동일한 것도 아니다. 양육자로서 아빠가 만들어지는 과정에서 아이와의 밀접한 경험은 특히 소중하다. 아직은 우리 사회에서 흔치 않지만, 아빠로서 육아휴직을 사용한 이들의 경험을 듣는 것은 그래서 소중하다고 생각했다. 이들의 이야기 속에 성평등한 사회를 구축하고 이를 통해 부모역량이 커지는 비법이 숨어있다고 본 것이다. 연구진은 그 이야기 속에서 '아빠노동자'를 발견하였다. 자발적으로 육아휴직을 사용한 이들과, 한 달간의 육아휴직의무제가 도입된 회사를 다니면서 육아휴직을 사용하게 된 이들의 다양한 사연은 '아빠노동자'라는 새로운 정체성의 형성으로 수렴되었다.

이 책의 본문은 독립된 세 개의 장으로 구성되어 있다. 첫 번째 장은 남성 육아휴직 의무제를 도입한 기업사례를 연구한 결과이다. 모든 남성직원들도 아이를 가진 후 한 달간 육아휴직을 간다면 어떤 변화가 생겨날까? 2017년 1월부터 A기업은 한 달간의 남성 육아휴직을 의무화하였다. 연구진은 이 사례 연구를 통해 가정 내뿐 아니라 기업에서 나타난 변화를 분석하였다. 또 개인적 차원을 넘어선 집단 내 변화도 분석하였다.

두 번째 장은 다양한 민간기업에서 자발적으로 육아휴직을 활용한 적이 있는 남성 14명에 대한 질적 연구 결과이다. 이 연구를 통해 다양한 동기와 맥락 속에서 남성이 육아휴직을 선택하고, 실제 육아를 담당하는 기간을 통해 어떠한 가족 내에서의 변화와 복직 후 일터에서의 변화를 경험하였는지를 보여주고자 하였다.

세 번째 장에서는 앞서 2장에서 다루어진, 자발적으로 육아휴직을 사용한 적이 있는 14명의 아빠들의 목소리를 재구성해서 보여주도록 하였다. 연구 참여자들은 어떤 분위기나 조직 구성의 회사에 다니고 있고, 어느 정도 외부로부터 아이 돌봄의 지원을 받을 수 있는지, 부부가 생각하는 부모로서의 가치관은 어떠한지 등에 의해 육아휴직을 선택하거나 선택할 수밖에 없는 상황이었다. 실제 연구 참여자들의 가족과 직장의 맥락이 어떠한지를 소개하고, 육아휴직 기간 동안 각각의 아빠들을 관통한 가장 중요한 테마가 무엇이었는지 재구성한 내러티브를 통해 남성 육아휴직의 의미를 보다 생생하게 보여주고자 하였다. 이름은 모두 가명으로 처리하였다. 1장의 대상자들은 모두 특정 기업군에 소속된 이들이어서 프라이버시 문제를 고려하여 내러티브 재구성에서는 제외하였다.

마지막 맺음말에서는 한국사회가 겪고 있는 저출산문제 해결에 기여하기 위하여 가족친화제도로서 아빠들을 부모권을 보장하는 제도에 관한 정책 제언을 담았다.

I. 남성 육아휴직 의무제를 통한 아빠노동자 탄생에 관한 사례 연구

I. 남성 육아휴직 의무제를 통한 아빠노동자 탄생에 관한 사례 연구[1)]

1. 서 론

우리사회는 여성의 경제활동 참여가 증가하는 추세 속에서도 가족친화적이지 못한 기업의 경영관리방식이나 조직 문화로 인한 사회문제가 상존하고 있다. 그 결과는 저출산과 여성 경력단절로 나타나고 있다. 이에 대응하여 아이 키우기 좋은 일터를 만들고 여성의 경제활동 참여를 지원한다면 '일-가정 양립'이 가능하게 될 것이라는 믿음도 있었다. 그렇지만 2001년 우리사회가 합계출산율 1.3 이하의 초저출산 사회로 진입한 이후 근 이십 년간 초저출산의 문제는 해결되지 않고 있다. 오히려 합계출산율은 2015년 1.24를 보인 이후에 지속적으로 감소 추세를 보이며 2018년 합계출산율은 0.98을 기록하기에 이르렀다.

이 연구는 기업의 가족친화문화 형성에 대한 기존의 정책이 일하는 여성, 즉, 워킹맘 위주로만 이루어졌다는 반성에서 출발하였다. 일-가정 양립 및 가족친화제도에 관한 선행 연구들은 기혼 취업여성의 일-가정 양립 및 자녀 출산과의 연계성에 관한 내용을 주로 다루었다(강유진, 2014; 민현주, 2010; 유계숙, 2010; 정영금, 2011; 정영금, 양지명, 2017; 최지훈,

1) 이 논문은 『가족과 문화』 31(4), pp.1-29에 게재된 내용을 재수록한 것임.

안선희, 2017, 2018; 한지숙, 유계숙, 2007, 2009). 그러나 저출산 문제의 대응책으로서 여성의 경제참여를 활성화하는 방식의 가족 친화적 조직문화 조성에는 한계가 있다. '아이 키우기 쉬운 일터'라는 가족 친화적 조직문화로의 변화는 여전히 양육책임은 여성에게 두고, 이를 사회가 혹은 국가가 나눠지는 방식으로 해결하려는 것이기 때문이다.

'일-가정 양립'이 가능한 가족 친화적 조직문화를 만들려면 가정을 이루는 또 하나의 축인 남성이 함께 변화해야 한다. 즉, 남성도 자녀를 기르는 공동 주체가 되어 기업문화 혁신과 제도개선이 이루어져야 실질적인 변화가 일어날 수 있다. 남성 대상의 일-가정 양립 정책이 필요하다는 패러다임 전환은 최근 들어 확산되고 있다. 제3차 건강가정기본계획(2016~2020)에서도 2015년까지의 기본계획에서는 등장하지 않았던 '남녀 모두의 일 · 가정 양립 실현'을 주요 정책목표로 설정하고 있고, '남성의 일 · 가정 양립을 위한 사회적 분위기 조성'을 정책 과제로 명문화하고 있다. 저출산고령사회위원회에서도 정책과제로 남성 육아휴직 활성화와 배우자 출산휴가 확대를 제시하고 있다.

이에 따라 과거에 보기 힘들었던 남성의 육아휴직을 통한 아버지 역할 수행이나 아빠의 돌봄 참여의 영향에 관한 연구가 최근 들어 나타나고 있다(김진욱, 권진, 2015; 오미희, 2018; 이옥경, 안영혜, 2017; 최숙희, 2016; 한지영, 2016). 그러나 이러한 선행연구들에는 제한점이 있다. 우선 대부분의 연구가 실제 한국 사회에서 남성 육아휴직이 미치는 영향이나 효과를 분석하기보다는 해외사례를 소개하거나 분석함으로써 남성의 육아휴직제도의 특성과 활용 가능성만을 주로 다루었기 때문이다. 남성 육아휴직의 경험이 주는 효과를 살펴본 연구(김진욱, 권진, 2015)의 경우에도, 샘플의 편향에 따른 역인과성 문제로 효과를 검증하는 데 한계를 보였다. 이는 남성 육아휴직이 아직은 소수에 불과하다는 우리나라의 현실과 관련이 있다.

한국사회에서 육아휴직을 선택한 남성은 2009년에 502명에 지나지 않았고 2015년까지도 8만 7천여 명의 전체 육아휴직자 중에서 남성은 5천 명도 되지 않았다. 최근 2~3년간 남성 육아휴직자는 양적인 증가를 보이고 있는데 고용노동부가 발표한 자료에 따르면 2017년 남성 육아휴직 사용자는 7,617명으로 전년대비 2배 이상 증가하였고 2018년에는 17,662명으로 전년대비 46.7% 급증하였다(고용노동부, 2019). 하지만 2018년도 남성 육아휴직자가 모두 그 해 출생아를 대상으로만 발생하였다고 가정해 보아도[2], 휴직을 할 수 있는 자격발생자의 불과 6% 미만이 육아휴직을 선택했다고 볼 수 있다. 남성에게 육아휴직은 여전히 특별한 소수만이 사용하는 제도라고 할 수 있다. 이 문제는 육아휴직이 주는 효과를 검증하기 어렵게 만든다. 즉, 남성 육아휴직자들이 보여주는 긍정적 특성이나 경험이 육아휴직을 통해 체득된 것인지, 아니면 이들 '특별한 소수'가 원래 갖고 있던 특성인지를 구분하기 어렵다는 문제가 있다. 육아휴직을 경험한 남성이 소수라는 것이 주는 또 하나의 연구상 한계는 개인 차원의 변화를 넘어선 집단적 변화를 살펴보기 어렵다는 점이다. 즉 남성 육아휴직이 보편화되었을 때 기대되는 기업 내 조직 문화 변화나 이웃 간 양육문화변화와 같은 집단적 효과는 살펴보기 어렵다.

---

2) 육아휴직은 만 8세 또는 초등학교 2학년 이하인 자녀를 둔 근로자가 신청 가능하다.

이 연구는 A기업에서 시행중인 남성 육아휴직 의무화가 기존 연구에서는 보기 힘든 중요한 장점을 지닌 자료라는 데 주목하였다. A기업은 2017년 1월부터 국내에서는 최초로 남성의 육아휴직 1개월을 의무화하였다. 자녀를 출산할 경우 최소 1개월 기간의 육아휴직을 사용하도록 강제한 것이다. 이에 따라 적어도 A기업 내에서는 육아휴직 선택편향 문제를 우려하지 않고 육아휴직에 따른 변화를 살펴볼 수 있게 되었다. 또한 제도도입으로부터 만 2년이라는 시간이 지나면서, 해당 기업 내에는 남성 육아휴직 경험자가 상당히 축적되었고, 이에 따른 조직 변화도 살펴보는 것이 가능해졌다.

이에 이 연구는 A기업에서 남성 육아휴직을 의무화하는 제도를 어떻게 도입하였고, 이 제도가 조직의 구성원과 문화에 어떻게 영향을 미쳤는가를 살펴보고자 하였다. 이를 위하여 이 연구는 사례 연구 방법을 활용하여 A기업의 육아휴직의무제 경험을 통해 역할, 태도, 관계에서의 변화가 개인차원에서뿐만 아니라 집단차원에서 어떻게 이루어졌는지를 살펴보고자 하였다. 즉, 이 연구에서는 다양한 자료를 활용하여 남성 육아휴직 의무제를 실시한 A기업의 사례를 통해 남성 육아휴직이 가져올 수 있는 효과를 탐색해보고자 하였다. 이를 위한 구체적인 연구문제는 다음과 같다.

연구문제 1. A기업의 육아휴직 의무제의 도입 및 실행 과정은 어떠한가?

연구문제 2. A기업의 육아휴직 의무제를 사용한 직원들이 육아휴직을 통해 경험한 가정과 직장에서의 변화는 어떠한가?

2. 이론적 배경 및 선행연구 고찰

1) 정체성 이론

'정체성(identity)'이란 특정 사회적 지위에 부여된 역할을 통해 개인이 형성하는 자기 이미지(self-meanings)이다(Burke, Owens, Serpe, & Thoits, 2003). 아빠정체성이라고 한다면 누군가의 아빠가 되고 나서 그 역할에 부응하는 사회적 기대에 따라 형성된다. 아버지 연구에서 정체성 이론(identity theory)은 많이 활용되었는데 정체성 이론의 핵심개념들이 아버지의 정체성의 형성과정이나 역할 수행, 태도를 설명하는 데에 유용하기 때문이다(Pasley, Petren, & Fish, 2014). 한 사람은 여러 가지 역할 정체성을 가진다. 정체성의 '현저성(salience)'이란 다양한 역할 중 어떤 역할을 위계상 상위에 두고 우선권을 부여하는지와 관련이 있다. 어떠한 정체성이 다른 정체성에 비해 중요하고 우선시되는 것은 그 역할에 대한 '헌신(commitment)'이 있기 때문이다. 헌신이란 특정 정체성에 얼마나 시간과 에너지를 들이는가 하는 강도(strength)와 관련된 개념이다. 즉, 헌신의 정도는 특정 정체성과 연관된 일이나 사람이 얼마나 많고, 감정적으로 얼마나 깊이 연루되어 있는가를 통하여 측정할 수 있다(Stryker, 1968; 1980). 예를 들어, 워킹맘 중에서 엄마로서의 정체성이 중요하다고 인식하더라도 회사에서 맡은 일이 압도적으로 많아 자녀 양육 관련 일은 거의 담당하고 있지 않다면 엄마 정체성과 관련한 '헌신'은 크지 않다. 반면 워킹맘 중에서 아이의 학부모로서 봉사활동에 참여하고, 명예교사로 일하고, 자신을 ㅇㅇ엄마로 부르는 사람이 많다면 이 사람은 엄마의 정체성에 많은 헌신을 하는 것이다. 이러한 헌신을 통해 엄마 정체성이 현저성을 나타낼 가능성이 높다. 즉, 많은 역할 중에서 그 역할로 인해 이어진 관계가 많으면 많을수록 그 역할에 대한 헌신이 많이 이루어진 것이고, 보다 현저한 정체성을 보일 가능성이 있다. 아빠가 어린이집에 아이를 데려다 주다보면 아이 아빠로서 맺는 관계가 많아진다. 아이의 선생님들, 아이의 친구들에게 누구의 아빠로서 관계를 맺는 것이고, 이러한 헌신을 통하여 아빠정체성은 현저해질 수 있다.

아빠정체성이라고 하면 아빠로서의 자아상을 가지고 사회적 기대에 맞도록 아빠 역할을 수행하는 것을 뜻한다. 정체성이 사회적 지위와 역할에 기반하고 있는 것이므로 그 역할을 수행하는 데에 있어서 사회적 기대라는 것이 존재하는데, 이는 주변의 중요한 타자로부터의 평가(reflected appraisal)가 지대한 영향을 미친다(Burke & Reitzes, 1991). 아내가 공동양육자로서 남편을 인식하면서 아빠로서 존중한다든지, 자녀와 아빠의 관계가 돈독해진다면 아빠의 정체성은 더욱 강화될 수 있다. Rain과 McBride(2000)는 워킹맘이 남편의 자녀 돌봄에 대해 인정(reflected appraisal)을 많이 할수록 남편의 아빠정체성은 강화되어, 아이 돌봄 역할에 더 많은 시간과 더 많은 에너지를 투자하게 된다고 하였다. 또한 일단 자녀 돌봄에 많이 참여를 하게 된 아빠는 아이를 돌보는 일에 많이 관여하고 시간을 투자하는 행동을 하면서 아빠정체성이 더욱 강화될 수 있다.

2) 경계 이론

경계 이론(boundary theory)에서는 역할이 놓인 영역이 다르고 그 사이에 경계가 있다고 본다. 문제는 그 경계가 얼마나 통합적인가 혹은 분리되었는가에 있다. 경계 이론의 기본 개념 중의 하나인 영역(domain)에는 공유하는 목표, 규칙, 사고방식, 행동이 존재한다고 가정한다. 예를 들어 아빠노동자는 일터와 가정이라는 두 영역에 속한 사람이다. 그러나 두 영역은 장소, 시간, 관계에 있어서 구분된다. 일터와 가정이라는 각기 다른 장소에서, 근무시간과 퇴근 후라는 다른 시간대에, 회사 동료나 아내와 자녀라는 전혀 다른 사람들을 만난다. 하지만 이러한 영역 구분이 항상 뚜렷할 수는 없다. 두 영역 간의 관계가 통합적인지 분리되었는지는 영역 사이의 경계를 어떻게 관리하고 조절하는가와 관련이 있다(Clark, 2000). 그래서 영역은 통합이나 분리로 양분되는 것이 아니다. 개인의 특성에 따라, 개인이 속한 조직의 특성에 따라, 그리고 개인이 속한 문화에 따라 영역의 통합 혹은 분리의 정도가 달라지는 다양성을 보인다(Nippert-Eng, 1996).

일터와 가정이라는 영역 간의 관계가 얼마나 통합적인지 혹은 분리되어 있는지는 투과성(permeability)과 유연성(flexibility)이라는 두 가지 메커니즘으로 설명할 수 있다(Desrochers & Sargent, 2004). 아빠노동자란 아빠의 영역과 노동자 영역 간의 경계의 투과성이 높아 아빠이자 노동자로서의 정체성을 같이 가지는 사람을 지칭한다고 할 수 있다. 자기의 일터에 가족 사진을 놓는 것에 눈치보지 않고, 집에서 오는 전화를 자연스럽게 받을 수 있는 직장, 가족들과 다함께 가는 회사 체육대회가 있는 직장이라면 일터의 경계 투과성이 높다고 할 수 있을 것이다. 마찬가지로 가정에 일을 가지고 와서 할 수 있도록 홈오피스를 꾸며 놓거나, 가족과 함께 있으면서도 직장 전화를 받는다면 일이 가정 안으로 들어오기 쉬운 경계의 투과성을 보여준다. 영역 간의 경계의 유연성이란 시간, 공간, 사람에 있어서 얼마나 경계가 조절될 수 있을 만한가에 관한 것이다. 유연근무제나 재택근무제와 같은 가족친화제도가 도입되어 일터라는 영역이 가지고 있는 공간적 시간적 제약을 유연화시킴으로써 사람들이 영역 간의 이동을 수월하게 하고 있다. 이렇게 일터와 가정이라는 영역 간의 경계는 유연성을 높임으로써 영역이 통합된다.

두 영역의 통합되거나 분리된 정도는 두 영역의 역할을 모두 수행해야 하는 개인의 삶에 큰 영향을 미친다. 두 영역 간의 경계 교차 지역을 오가는 사람을 경계 횡단자(border crosser)라고 하는데 일반적으로 제한된 시간과 장소 내에 두 영역의 역할을 모두 수행하기를 바라는 욕구가 충돌하여 갈등을 겪기 쉽다. 다만, 경계하고 있는 두 영역이 얼마나 유사한지 혹은 다른지에 따라, 경계가 분명한지 흐릿한지에 따라, 그리고 각 영역에 얼마나 깊게 관여하고 있는지에 따라 경계를 횡단하는 사람이 느끼는 경계의 조절 가능 정도나 갈등의 정도가 다르다(Clark, 2000). 영역의 목표나 규칙, 장소, 시간, 교류하는 사람에 있어서 일터와 가정이 유사하다고 하면 경계를 횡단하는 것이 수월하고, 이 경우에는 경계가 뚜렷하지 않을수록 일터와 가정을 오가기 쉬울 것이다. 하지만 일터와 가정의 성격이 매우 상이하다고 하면, 경계가 뚜렷하지 않을 경우 간섭이 많이 일어나고 상충하는 욕구로 인해 갈등을 빚을 가능성도 높다. 또한 각 영역에서 모두 중심적인 역할을 하는지, 아니면 하나는 중심 다른 하나는 보조적 역할만을 하는지에 따라 경계횡단자가 느끼는 일-가정 양립의 어려움의 강도는 다르다(Lave & Wegner, 1991). 이와 같이 경계횡단자가 각 영역에 있어서 얼마나 중심적인지 혹은 주변적인지의 여부는 경계를 넘나들 때 다른 영역의 어디까지 깊이 들어가고, 얼마나 자주 넘나들며, 각 영역의 사람들과 어떻게 교류하는지의 정도에 따라 달라진다. 경계횡단자의 양상에 따라 정체성도 다르게 형성된다. '아빠노동자'는 일터와 가정 영역을 오가며 두 영역에서 모두 중심적인 역할을 하는 경계횡단자를 지칭한다. 이들이 경계횡단자로서의 아버지 역할을 잘하기 위해서는 두 영역의 유사성을 높이고 경계의 투과성과 유연성을 높인다면 영역 간의 이동이 수월해질 수 있다.

영역 간의 경계와 관련하여 영역수호자(border-keeper)라는 개념도 경계 이론에서는 상정하고 있다. 영역수호자란 각 영역에 있어서 그 영역의 가치와 목표, 규칙, 행동을 수호하고자 하는 사람을 지칭한다(Clark, 2000). 영역수호자는 하나의 영역을 수호하고자 하므로 경계를 넘나드는 영역횡단자를 적대시하거나 거리를 두어 영역 횡단을 최소화하려는 경향을 보이기 쉽다. 조부모가 아이를 전적으로 봐주시면서 돌봄 영역의 수호자가 되어 버리면 부모이어도 자녀 돌봄의 영역으로 경계를 넘지 못할 수 있다. 어머니와 할머니가 아이를 돌보는 집에서 아빠의 양육태도나 행동이 배제된다면 영역수호자에 의해 경계를 넘지 못하고 아빠는 주변인으로 남을 수 있다. 조직 내에서도 영역수호자가 있는데, 조직의 리더가 일터에서 영역수호자의 모습을 보인다면, 가정의 일이 일터로 투과해 들어가는 일은 거의 없다. 일-가정 양립 정책은 결국 일터와 가정에서의 영역수호가 최소화되어 영역 간의 횡단이 수월해짐으로써 두 가지의 역할을 수행하는 것이 가능하도록 돕는 것을 의미할 것이다.

3) 남성의 육아휴직 관련 국내 선행연구

육아휴직제도 도입 초기에는 여성만이 이 제도를 사용할 수 있었고, 남성이 사용할 수 있게 된 것은 1995년부터이다. 월 20만 원의 유급 육아휴직도 2001년에 시작된 것이어서 남성의 육아휴직제도를 통한 자녀 돌봄 참여가 활성화된 역사는 매우 짧다. 2014년부터 만 8세 이하의 자녀가 있는 경우 육아휴직을 사용할 수 있도록 대상이 확대되고 육아휴직에 대한 월 급여액을 늘렸으며, '아빠의 달'이라고 칭한 육아휴직특례제도를 도입하여 남성의 육아휴직을 적극적으로 독려하기 시작하였다. 이러한 정책적 변화와 함께 국내의 남성의 육아휴직 경험에 관한 학술적 관심이 시작되었다. 남성의 육아휴직 경험에 관한 대표적 연구로는 조윤경, 민웅기(2012)의 연구와 김진욱, 김진(2015)의 질적 연구가 있다. 조윤경, 민웅기의 연구에서는 육아휴직을 사용한 다섯 명의 아빠와 그들의 배우자를 대상으로 심층 면접을 통해 전통적인 성별의식 속에서도 남성들이 돌봄을 경험하면서 어떻게 새로운 아버지됨을 구성해나가는지를 보여주고자 하였다. 김진욱, 김진의 연구에서도 육아휴직을 사용한 열 명의 남성들을 대상으로 심층 면접을 수행하였다. 연구 참여자는 대부분 2014년부터 2015년 사이에 일 년간 육아휴직을 사용했던 아빠 열 명으로, 회사로 복직한 연구 참여자는 단 두 명이었고 두 명은 아예 퇴사를 하고 육아를 전담하는 경우, 나머지 여섯 명은 현재 육아휴직 중인 사람들이었다. 직장이 있는 8명의 연구 참여자 중 공무원이나 공기업이 3명, 민간 기업이 3명이었고, 남은 두 명은 기자와 방사선사이었다. 이 연구는 전체 남성 육아휴직자수가 4,000명도 되지 않은 2014년경에 육아휴직을 했던 남성들을 대상으로 한 연구이었던 만큼 눈덩이 표집을 통해 모집한 열 명의 아빠들을 인터뷰하여 어떻게 흔치 않은 육아휴직을 선택하게 되고 직장 내에서 결정하게 되었는지가 드러났다. 또한 육아휴직 기간 동안 변화된 일상과 부부관계, 감소된 가계 소득과 주변의 불편한 시선, 부족한 육아네트워크와 같은 어려움이 육아휴직 기간 동안 경험한 주요 주제로 등장하였다.

이옥경과 안영혜(2017)는 육아휴직을 사용할 수 있는(초등학교 2학년 이하 자녀가 있는) 부산시에 사는 남성 1,000명을 대상으로 2016년 4월에 설문조사를 실시하여 아빠들의 육아휴직 실태와 육아휴직 사용에 있어서의 장애요인을 파악하고자 하였다. 연구 결과 맞벌이일수록, 자녀가 영아기보다는 클수록 아빠들이 육아에 더 참여하는 것으로 나타났다. 아빠의 육아참여를 가로막는 장애요인으로는 장시간 근로나 가족 친화적이지 않은 직장문화가 제일 컸고, 실제 육아를 수행할 만한 기술이나 정보의 부족이나 아내와의 양육관 차이와 같은 가족 내 요인이 다음을 차지했으며, 사회적으로 아빠의 육아참여에 대한 부정적인 인식이나 아빠육아참여제도나 프로그램의 부재와 같은 사회문화적 요인이 제일 약했다. 이러한 장애요인에 대한 인식에 있어서는 맞벌이 여부나 조부모와 함께 사는지 여부, 남성이 정규직인지 여부는 통계적으로 유의한 차이를 보이지 않았다. 즉, 제도 자체가 부족하다기보다는 그 제도를 활용할 수 있는 직장 문화가 마련되어 있지 않다는 것이 제일 큰 문제이고 아빠들이 실제 자신의 가정에서 육아에 직접 참여하기에는 진입을 주저하게 되는 경계를 느끼고 있다는 것이 다음으로 큰 문제인 것으로 나타났다.

홍승아(2018)의 연구는 남성의 육아휴직 이용에 조직문화가 어떤 영향을 미치는지에 초점을 맞추어 12명의 남성 육아휴직자를 인터뷰한 결과를 제시하고 있다. 그런데 이 연구의 참여자는 남성 육아휴직자가 2,000명도 되지 않았던 2012년에 육아휴직을 사용했던 아빠들이어서, 당시 육아휴직이 그래도 수월한 편이었던 공공부문에 종사하는 연구 참여자가 여덟 명으로 다수이었고 민간부문에 종사하는 참여자는 세 명, NGO에서 일하는 사람이 한 명이었다. 인터뷰 분석 결과로는 육아휴직 신청 자체가 공식화되어 있지 않고, 상사나 동료로부터 직접적으로 받는 부정적 반응과 승진이나 인사고과에서 불이익을 감수해야 한다는 직장문화가 존재함을 보여주었다. 따라서 일하는 부모들을 위한 가족친화적인 직장 문화의 형성과 남성 육아휴직자를 위한 구체적인 조직 내의 규칙과 규정 마련이 필요함을 강조하였다.

이러한 선행연구들은 공통적으로 남성의 육아휴직이 활성화되기 이전의 자료를 바탕으로 분석한 결과이므로 육아휴직을 사용한 남성을 대상으로 했음에도 불구하고 남성의 양육 참여를 어렵게 하는 장애물, 부정적인 직장 문화를 밝히는 데에 초점이 맞춰져 있다. 즉, 가정에서 직장 영역으로 투과성을 막는 영역수호자로서의 상사나 직장문화만이 제시되었을 뿐 가정과 직장 영역 간의 투과성이 높은 가족친화적 직장 문화 속에서의 아빠들은 어떻게 생활할 수 있을지에 대한 비전에 대한 논의는 다루지 못하고 있다. 또한 육아휴직을 선택할 수 있는 남성은 대부분 공공부문에 종사하는 사람들이었기 때문에 민간 기업에서 일을 하는 아빠들의 경험에 대한 연구는 상대적으로 부족했다. 따라서 이 연구는 가족친화적인 직장문화를 가진 A기업의 사례를 통해 남성의 육아휴직의무제의 실행 과정과 제도 수혜자의 경험을 살펴보고자 한다.

3. 연구방법

1) 사례 연구

이 연구는 남성의 1개월 육아휴직을 의무화하고 있는 A기업의 제도 도입과정을 파악하고, 이 제도를 이용한 남성 육아휴직자들의 가정과 직장 생활에서의 효과를 탐색해보고자 사례 연구를 실시하였다. 사례 연구는 하나 혹은 여러 개의 사례에 대해 관찰, 면접, 시청각자료, 문서와 같이 다양한 정보원을 통하여 심층적이고 입체적인 자료를 수집하여 보고하는 질적 연구 방법이다(Creswell, 2015). 사례 연구가 적합한 연구문제는 '어떻게'와 '왜'에 관심을 가지고 있으며, 현실에서 벌어지고 있는 사례에 관심이 있으나 연구자가 통제를 가할 수 없는 사안인 경우에 적합하다(Yin, 2016). 이 연구는 국가에서 정책적으로 도입한 육아휴직제도에 대해 A기업에서는 '왜' 남성의 육아휴직 의무제라는 제도로 수정을 하여 도입하고 정착시키게 되었는지를 밝히고, 남성의 육아휴직의무제가 '어떻게' 제도수혜자와 조직에 영향을 미쳤는지에 관해 탐색하고자 하는 목표에 따라 사례 연구 방법을 실시하였다.

사례 연구를 위해서는 자료수집 전에 이론적 명제를 구성하는 것이 필요하다. 이는 사례 연구가 민속학이나 근거이론에 기반한 질적 연구와 차별화되는 지점이다(Yin, 2016). 사례 연구에서는 연구설계 단계에서 이론적 명제를 제시하는 것이 중요한데, 이는 사례 연구를 통한 결과를 분석적 일반화(analytic generalization)로 설명할 수 있기 때문이다. 사례 연구에서 사례는 통계적 일반화에서 분석단위가 되는 표본이 아니라, '이론적 명제를 실증적 차원에서 확인할 수 있는 기회'(Yin, 2016, p. 87)이기 때문에, 사례 연구를 통해 이론적 명제를 통합, 수정, 기각, 강화하고, 새로운 개념을 도출할 수 있다. 정체성 이론과 경계 이론에 근거하여 이 연구는 남성이며 노동자였던 사람이 한 달간의 육아휴직을 통해 새로운 아빠의 역할에 시간과 에너지를 쏟는 헌신을 경험한다면, 기존과는 다른 사회적 기대, 역할 수행, 인정을 경험하고, 이는 남성들로 하여금 복직 후에도 일터와 가정 영역을 넘나드는 영역횡단자(border crosser)로서 활동하는 것이 가능할 수 있다고 보았고, 이를 실제 사례를 통해 확인해보고자 하였다.

2) 자료 수집

사례 연구는 다음의 다양한 자료를 활용하였다. 일차적으로 문헌 수집이 이루어졌는데, 2017년 1월부터 2019년 7월 31일 사이에 보도된 A기업의 육아휴직의무제의 내용, 절차, 효과와 관련된 기사 51건과 여성가족부에서 발간한 가족친화기업 우수사례집 문서 자료를 통하여 첫 번째 연구문제인 A기업의 육아휴직의무제의 도입 및 실행 과정이 어떠한가를 살펴보았다. 또한 이 제도와 관련하여 실무를 담당하는 관련자 2명에 대한 인터뷰를 실시하였다. 한 명은 A기업의 직원, 다른 한 명은 이 제도에 포함되어 있는 부모교육을 담당하는 외부인을 인터뷰함으로써 다양한 정보원을 통해 사례 연구의 타당도를 높이고자 하였다.

두 번째 연구문제인 A기업의 육아휴직 의무제를 통하여 남성 직원이 경험한 가정과 직장에서의 변화가 어떠한지를 탐색하기 위하여 이 제도를 이용하였던 남성직원을 인터뷰하였다. A기업은 다양한 업종에서 사업을 운영하고 있으므로, 업종에 따라 근무환경과 조직문화가 다를 수 있음을 고려하여 업종을 4개 부문(유통, 건설, 금융, 서비스)으로 구분한 뒤, 각각 2명 이상 인터뷰함을 원칙으로 하였다. 연구 참여자 모집은 실무 담당자에게 연구의 목적과 인터뷰에서 다룰 내용에 대해 미리 설명한 후 섭외를 위한 도움을 요청하여 부문별로 육아휴직 경험을 나누고자 한 8명을 소개받아 인터뷰를 실시하였다. 최초 면접에 참여한 8명의 연구 참여자 소개로 자발적으로 연구에 참여한 남성 육아휴직자 1인이 추가되어 총 9명에 대한 인터뷰를 실시하였다. 남성 육아휴직자 인터뷰는 2018년 6월에 이루어졌고, 추가로 인터뷰한 1인을 제외하고는 부문별로 인터뷰를 진행하였다. 연구 참여자가 근무하는 부문별 일터에 연구진이 직접 방문하여 주로 당사 회의실에서 인터뷰를 진행하였다. 이는 참여관찰까지는 가능하지 않았으나 일터에서의 연구 참여자를 살펴볼 수 있다는 이점이 있었다. 대부분 연구진 2인과 부문별 연구 참여자 2인이 함께 90분~120분가량 인터뷰를 진행하였고, 유통부문의 경우에만 연구 참여자가 근무하는 곳이 전혀 다른 곳이었기에 각자의 일터에서 각각 약 90분씩 면접을 실시하였다. 연구진은 면접을 시작하기 전에 연구 참여자에게 연구 목적과 방법, 익명성 및 개인정보보호, 연구 참여에 따른 보상과 연구 참여 철회 가능성에 대해 사전에 설명하는 시간을 가졌다. 연구 참여자가 사전 설명을 들은 후 연구 참여에 동의한다는 서면 동의서를 받은 후 면접을 시작하였다. 면접은 주로 연구진 1인이 반구조화된 면접 프로토콜을 기준으로 순차적으로 연구 참여자들에게 질문하였고, 응답에 따라 유연하게 질문을 이어갔다. 다른 한 명은 추가적인 질문이 필요한 경우 질문을 하는 방식으로 진행하며 필드노트 작성을 담당하였다.

이러한 과정을 거쳐 연구에 참여한 남성 육아휴직자 9명의 휴직 시점은 자녀의 출산 직후부터 11개월 시점까지 다양하였고, 그 중 5명은 출산 직후 혹은 산후조리원 직후 등 출산시점부터 1개월 전후하여 사용한 경우였다. 연구 참여자 남성 9명 중 8명은 맞벌이였고, 그 중 1명을 제외하고는 모두 아내가 육아휴직인 기간에 함께 육아휴직을 경험하였다. 연구 참여자 9명 중에서 자녀가 처음 출생하면서 육아휴직을 사용한 경우가 5명, 둘째 출생과 함께 육아휴직을 사용한 경우가 4명이었다. 이러한 연구 참여자 특성을 요약하면 〈표 3〉과 같다.

마지막으로 A기업의 육아휴직 의무제를 통하여 남성 직원이 경험한 가정에서의 변화를 파악하기 위한 다른 정보원을 확보하기 위하여 배우자와의 인터뷰를 실시하였다. 인터뷰에 참여한 남성육아참여자에게 배우자와의 인터뷰 가능여부를 문의하였고, 그 중 긍정적인 답변을 보내온 아내 4인에 대해 2019년 1월~2월에 인터뷰를 할 수 있었다. 인터뷰는 각각의 연구 참여자의 직장이나 집 근처의 스터디카페나 회의실을 이용하여 실시하였고 연구 참여자마다 90분~120분가량 인터뷰가 진행되었다. 면

표 3 A기업 참여자 특성(9명)

번호	업종부문	휴직시점 자녀월령	아내의 취업상태	부부동시 육아휴직	큰아이 유무 (큰아이 연령)
1	유통부문	0개월	X	N.A.	O (만3살)
2	유통부문	0개월	O	O	X
3	유통부문	0개월	O	O	O (만2살)
4	건설부문	10개월	O	O	X
5	건설부문	1개월	O	O	X
6	금융부문	1개월	O	O	O (23개월)
7	금융부문	11개월	O	O	X
8	서비스부문	6개월	O	X	O (만3살)
9	서비스부문	4개월	O	O	X

접은 주로 연구진 2인이 함께 하였고, 한 명은 연구 참여자에게 연구 윤리에 입각한 사전 설명과 연구 참여에 대한 서면 동의를 받은 후 필드노트 작성 및 추가질문을 담당하였고, 다른 한 명은 기존의 아빠 연구 참여자에게 물었던 반구조화된 면접 프로토콜에 기반하여 아내의 입장에서의 생각을 묻는 내용으로 질문을 주도하였다.

3) 자료 분석

사례 연구는 구체적인 분석 전략이나 방법론이 미진한 편이다(Yin, 2016). 통계적인 분석과 달리 분성방법이 구체적이거나 공식적이지 않고, 연구자의 학문적 성향이나 재량에 의존하는 바가 더 크지만 대개 다음의 네 가지 사례 연구 분석 전략으로 정리할 수 있다(Yin, 2016). ① 이론적 명제로부터 연구문제 설정과 연구 설계가 이루어진 경우 이론적 명제를 기반으로 분석하는 전략, ② 이론적 명제보다는 자료 자체에서 보이는 특징에 초점을 맞추어 자료를 심층적(ground up)으로 분석하는 전략, ③ 이론적 명제 없이 지나치게 방대한 자료가 수집되어 핵심 개념을 도출하기 어려운 경우 사례의 기술에(description) 초점을 맞추어 분석을 하는 전략, ④ 앞의 전략들과 함께 사용할 수 있는 방법으로서 다른 입장에 해당하는 경쟁설명(rival explanation)을 사용하는 전략이 있다.

이 연구의 첫 번째 연구문제인 A기업의 육아휴직의무제의 도입 및 실행 과정에 대해서는 실재를 기술하는 것이 목표이므로 다양한 자료를 수집하고 조사하여 사례를 기술하는 세 번째 전략을 택하였다. 두 번째 연구문제인 육아휴직의무제를 사용한 직원들이 육아휴직을 통해 경험한 가정과 직장에서의 변화가 어떠한지를 탐색하기 위해서는 이론적 명제를 기반으로 분석하는 전략을 택하였다. 이를 위하여 사례 연구의 분석방법 중에서 '가장 바람직한 분석기법'(Yin, 2016, p. 255)으로 알려진 패턴매칭(pattern matching)을 사용하였다. 이 방법은 사례 연구 설계에서 예측했던 패턴과 관찰한 패턴을 비교하여 얼마나 일치하는지를 파악하는 방법이다. 이 연구에서 이론적 명제로 제시한 육아휴직을 통해 기존과는 다른 경험을 통해 아빠정체성을 갖춘 남성들이 복직 후에도 일터와 가정영역을 적극적으로 넘나드는 아빠노동자로서 영역횡단자(border crosser)가 될 것이라는 예측이 실제 사례에서 관찰된 패턴과 유사한지를 확인하였다. 연구진은 문서 자료와 함께 남성 육아휴직자 9명과 상대 배우자 4인에 대한 인터뷰 자료를 함께 분석하고 의견 교환과 조율 과정을 통해 연구 참여자들의 경험을 패턴화하고 이를 예측패턴과 비교하였다.

4. 연구결과

1) A기업의 육아휴직 의무제 도입 및 실행과정

2017년 1월부터 2019년 7월까지 A기업의 육아휴직의무제 관련 신문 기사와 가족친화기업 사례 관련 여성가족부의 발간자료, A기업의 제도 실무 담당자 인터뷰를 통해 A기업의 남성 육아휴직 의무제의 도입 과정과 실행에서 보이는 특징은 다음과 같다.

A기업의 남성 육아휴직 의무제는 2017년 1월에 탑다운 방식으로 도입되었다. 2016년 A기업 내의 여성 간부 리더십 포럼에서는 여성들이 육아휴직 후 복직해서 적응을 하지 못하고 퇴사하는 경우가 많은 것에 대한 문제점에 주목하였고, 육아휴직 후 퇴사로 이어지는 고리를 끊고 여성들이 마음 놓고 일할 수 있는 분위기를 만들기 위해서는 기업 내 남자들도 변화해야 한다는 논의가 이루어졌다. 이는 남성 육아휴직 의무제로 구체화되어 2017년 1월부터 자녀가 출생하면 1년 이내에 육아휴직을 최소한 1개월 의무적으로 사용할 수 있도록 하였다. 2018년부터는 자녀 출생 후 3개월 이내에 아빠직원의 육아휴직 한 달 사용을 의무화하는 것으로 제도가 정교화되었다. 2017년 한 해 동안만 남성 직원 1,100여 명이 사용하였고 2018년 6월까지 2,000명을 넘어, 2019년 7월 현재 약 3,700명의 남성 직원이 육아휴직을 사용한 것으로 나타났다.

A기업의 남성 육아휴직 의무제는 정부에서 시행하고 있는 기존 육아휴직제도와는 차별점이 있다. 일단 우리 나라의 육아휴직제도의 역사를 일별하면, 1987년도에 신설된 육아휴직제도는 무급이었다가 2001년부터

월 20만 원으로 월급여액이 조금씩 증가하여 2010년에 월 50만 원이 되었다. 2011년부터는 정률제로 변환되었는데 월 통상임금의 40%로 하한액 50만 원, 상한액 100만 원을 지급하였다. 육아휴직을 사용할 수 있는 해당 아동에 있어서는 2003년까지는 1세 영아를 둔 부모가 대상이었던 것에서, 2004년부터는 3세 미만, 2010년부터는 만 6세 이하, 2014년부터는 만 8세 이하로 확대되었다. 2017년부터는 육아휴직 첫 3개월 동안은 월 통상임금의 80%에 하한액 70만 원, 상한액 150만 원으로 상향 조정되었다. 2019년에는 월급여제도가 더욱 확대되어 첫 3개월 동안 월 통상임금의 80%가 유지되고 상한액이 250만 원으로 확대되었으며, 나머지 기간도 40%이었던 데에서 50%로 상향 조정되었다.

A기업의 남성 육아휴직 의무제는 다음의 여섯 가지 지점에서 기존의 정책과는 차별점이 있다. 첫 번째 가장 큰 특징은 남성 육아휴직을 '의무화'하였다는 점이다. 자녀 출생신고를 통해 부양가족이 한 명 더 늘게 되었다는 것을 모니터링을 통해 행정적으로 알게 되면 의무적으로 휴직하도록 하여 육아휴직 사용을 보편화하였다. 보통은 남성들이 육아휴직을 사용한다고 하면 휴직 기간 중에는 업무가 단절되어 동료와 조직에 부담이 발생할 수 있다. 이는 육아휴직 사용자에 대한 부정적 인식으로 연결되고 육아휴직 사용을 기피토록 하는 기업문화로 연결된 측면이 있다. 그런데 A기업은 인사팀에서 남성 육아휴직 사용을 독려하는 데 그치지 않고, 실천 정도를 임원 성과평가에 반영하였다. 1개월간의 남성 육아휴직은 경우에 따라 선택할 수 있는 것이 아니라 마치 출산휴가처럼 모두가 사용하는 당연한 권리가 된 것이다. 남성 육아휴직이 의무화되자 말단부

터 관리자급까지도 자녀를 출산한 남성 직원은 당연히 한 달간 육아휴직을 사용하게 되었고, 그 결과 제도 도입으로부터 일 년 후부터는 남성 육아휴직을 당연시하는 새로운 사내 문화가 형성되었다.

두 번째 특징은 의무육아휴직 기간을 1개월로 설정하였다는 점이다. 배우자출산휴가제도는 유급 3일, 무급 2일이었다가, 2019년 10월부터는 유급 10일로 연장되었다. 육아휴직과 달리 배우자출산휴가는 대부분의 남성 근로자들이 사용하는 제도이다. 하지만 기간이 짧아 생활에 유의미한 변화를 기대하기는 힘들다. 출산전후 병원 입원기간과 이후 산후조리원 입원기간을 고려하면, 산후 10일로 휴가가 늘어난다고 하여도 산모와 아기가 대부분 시설에서 보내는 시간과 겹치게 된다. 1개월은 남성이 육아를 경험하고 이에 따른 변화를 겪게 되는 최소한의 시간으로 보인다.

세 번째 특징은 1개월 휴직기간 동안 대체근로자 충원이 없다는 것이다. 출산전후휴가나 배우자출산휴가와 달리 법정육아휴직의 경우는 자녀 1인당 아빠와 엄마가 각각 최대 1년까지도 사용 가능하다. 이처럼 휴직기간이 길 경우에는 휴직자를 대신할 대체 근로자가 필요하게 된다. A기업의 남성 육아휴직 의무제는 법정육아휴직과는 별도로 제공되는 것으로 의무 육아휴직 기간을 1달로 제한한 대신 대체근로자를 고용하지 않는다. 업무공백은 육아휴직 시작 전에 미리 업무상 대비하거나, 동료들의 배려를 통해 메꾸게 된다. 실제로 이러한 방식으로 제도를 시행한 결과, 한 달이라는 기간 정도는 업무공백에 대처가 가능하고 복귀시 적응기간이 필요 없어 경력단절 우려도 없다는 입장이었다. 업무공백을 가져오지 않는 최장 휴직기간으로는 1달부터 3달까지 다양한 의견이 있었으나 3달

이상의 경우에는 대부분 부정적인 입장을 보였다.

이 제도가 특별한 네 번째 이유는 한 달간의 의무 육아휴직 기간 동안 통상임금이 100% 보장된다는 점이다. 현행 육아휴직의 경우 휴직기간 중 통상임금의 40%를 지급하며, '아빠의 달'의 경우 통상임금을 100% 지급한다. 하지만 상한선이 존재하고(2019년부터 월 250만 원으로 인상), 통상임금 외 성과급, 수당 등의 급여 비중이 높거나, 상한선을 초과한 소득자의 경우 육아휴직 기간 중 임금감소가 불가피하다. 자녀출산으로 가계부담이 늘어난 상황에서 가정내 주 소득자가 육아휴직을 선택하기는 현실적으로 어려운 실정이라고 할 수 있다. 이는 선행연구에서 남성 육아휴직 사용자가 드문 주요 원인으로 지적된 바 있다. A기업은 남성 육아휴직 첫 한 달간 통상임금 100%를 보장하고 상한액 제한이 없으며, 연간 성과평가에서도 육아휴직 기간은 평가대상에서 제외한다는 점이 특별하다. 관리자급에서는 몇몇 수당이 지급되지 않아 급여가 일부 줄어드는 부분이 있지만, 실무자들에게는 소득이 대부분 유지된다는 특성을 보인다.

다섯 번째 특징은 출산으로부터 가까운 시기에 육아휴직을 사용하도록 한다는 점이다. 법정육아휴직은 자녀가 만 8세 이하 혹은 초등 2학년 이하의 자녀를 가진 부모가 신청 가능하게 되어 있다. '아빠의 달' 제도도 부모가 동시에 사용하기보다는 육아휴직을 순차적으로 사용하는 것으로 설정하고 제도가 설계되어 있다. 이에 반하여 A기업의 1개월간 남성 육아휴직 의무제는 제도 도입 첫 해에는 출산 후 1년 이내에, 2018년도부터는 출산 후 3개월 이내에 사용토록 강제하고 있다. 이에 따라 출산 초기에 부부가 함께 휴직 상태에서 육아를 경험하는 경우도 가능해졌다. 신생아 시기는 부모가 모든 것을 돌봐주어야 할 때이다. 그런데 산모도 몸조리 과정에서 주변의 도움을 필요로 하며, 유아기의 첫째가 있을 경우 이 아이를 돌봐야 하는 양육자의 역할도 필요하다. 따라서 출산초기에 남성이 육아휴직을 사용한다는 것은 가장 도움이 절실한 시기에 참여한다는 의미가 있다. 또한 여성이 모성이라는 새로운 자아정체성을 형성할 시기에 남성도 역할정체성 변화에 동참한다는 의미도 있다.

마지막으로 A기업은 아빠들을 위한 부모교육을 정례화하여 제공하고 있다. 제도도입 초기에는 1개월 휴직기간을 유용하게 사용하지 못하는 사례들이 종종 보고되었다고 한다. 이에 따라 대디스쿨이라는 1일 교육과정을 도입하여 영유아 보육에 필요한 테크닉과 아빠의 역할에 대한 교육을 실시하였으며 육아휴직의 효과성을 높이는 데 효과를 가져왔다. 또한 대디스쿨은 남성 육아휴직자 간에 유대관계를 형성하는 장으로도 작용하였다. 즉, 남성 직원들이 가정 내에서 '아빠' 역할을 할 수 있도록 기업에서 지원하는 역할을 하는 것이다.

A기업의 한 달간 남성 육아휴직제에서 추가적으로 주목할 점은 보통의 육아휴직보다는 출산전후휴가와 유사하게 운용되고 있다는 점이다. 출산전후휴가는 출산을 경험하는 취업여성들의 절대다수가 보편적으로 사용하는 제도로, 출산을 전후한 시기에 90일간을 유급으로 사용한다는 특징이 있다. 한 달 남성 육아휴직 의무제도는 아빠가 되는 직원이라면 모두가 출산 초기에 한 달이라는 기간 동안 유급휴직을 갖게 된다. 이렇게 한 달간 육아휴직이 보편화되면서 이를 당연한 권리로 인식하는 분위기도 형성되었다. 그렇다면 A기업의 제도는 "아빠출산휴가"라고 칭하는

것이 제도의 의미와 특징을 더 분명하게 드러내는 용어라고 여겨진다. 배우자 대신에 아빠라는 표현을 사용한 것은, 출산휴가가 배우자라는 간접적 지위에서 비롯되었다기보다는, 아빠라는 새로운 역할을 부여받기 위한 과정으로 보는 것이 더 중요하기 때문이다.

2) A기업의 육아휴직 의무제 사용자의 경험

(1) 육아휴직을 통한 아빠 정체성의 형성

가. 자녀 돌봄에 쏟는 에너지

1개월의 육아휴직 기간을 보냈던 연구 참여자들은 아이를 돌보는 일이 굉장한 에너지와 시간을 요하는 일임을 뼈저리게 느꼈다. 특히 생후 3개월 이내의 영아를 돌본 경험을 한 연구 참여자들이 공통적으로 말한 부분은 육아 관련 업무가 굉장히 많고 힘들다는 깨달음을 얻었다는 점이었다. 업무가 다양하면서도 반복적이고, '전투육아'(참여자1)라고 할 만큼 피로도가 높고, 잠을 못자며 시간을 쏟아야 할 만큼 강도가 센 육아노동의 참모습을 알게 되었다고 말했다.

(육아라는게) 제가 군생활을 오래할 때 훈련 받는 그런 느낌? 피로도라던지 (측면에서)... [참여자 1]

애를 낳고 와이프가 가장 힘든 시기는 애가 밤에 안 자는 시기에요. 100일 정도... 남편이 할 수 있는... 육아휴직 할 때 도울 수 있는 (시기) [참여자 6]

새벽에 계속 깨고, 비몽사몽으로 짧게짧게 자니까 선명하게 생각은 안 나는

데... (밤에) 제가 아이를 데리고 있었고, 와이프가 유축해 놓은 모유를 제가 데워서 먹이고 기저귀를 갈아주고 목욕도 시키고 그러다 보면 와이프 밥도 챙겨주고, 트름도 하게 해주고... 그리고 조금 있으면 애 밥먹이고 이런 것들의 반복이었어요. [참여자 2]

육아휴직을 통해 육아를 직접 해보기 전에는 연구 참여자 대부분이 아이를 돌보는 양육자의 역할에 대해 구체적으로 생각해보지 못하였다. 육아를 담당하는 아내가 아이와 '자유시간'을 갖는다고만 막연히 생각했던 데에서 아이를 돌보려면 시간과 에너지가 엄청나게 쏟아야 한다는 사실을 알게 되었고, 그러한 헌신(commitment)을 통해 양육자로서의 아빠역할에 진입하게 되고 아빠로서 영역이 넓어지는 경험을 하였다.

와이프가 애기랑 함께 있으면 자유시간이 많이 있을 것 같다 생각을 했었는데, 막상 육아휴직을 하고 하루 종일 애를 보니, 생각보다 집안일을 할 수 있는 시간을 만들거나 그런 의욕을 가지는 것 자체가 힘들다는 걸 느꼈었고... 육아휴직 전까지는 제가 애를 24시간 케어해본 적이 없어서 애기를 케어할 수가 없으니까 '내가 못하는 영역. 할 수 없는 영역'이 되었던 거죠.. (그런데 육아휴직 후에는) 절대적인 시간 자체가 늘어나게 되니까 할 수 있는 바운더리가 조금씩 늘어나게 되는 거죠. [참여자 3]

육아휴직 기간이 의무적으로 주어진 연구 참여자들은 정체성 이론에 기반하여 예측한 대로 아이와 함께 있는 절대 시간의 증가를 통해 아빠로서 돌봄 역할에 많은 시간과 에너지를 투자하게 되었다. 이러한 헌신의 시간은 한 개인의 다양한 정체성 속에서 아빠정체성이 보다 확고해지는 데에 기여하였다. 가장 대표적인 변화가 자신을 아내와 함께 자녀를 돌보는 역할을 수행할 공동양육자로 생각하게 된 점이다. 자녀 돌봄을 담당하는 팀의 동료로서 아내를 바라보는 시각이 추가되면서 아내에 대한 이해가 높아지고 팀으로서 서로를 존중하고 아끼는 유대감 형성이 나타났다.

육아휴직을 하고 나니까 '아 와이프도 (회사 다녀와서 집안일) 정말 하기 싫겠다'는 생각이 들어서 이제는 뭔가 일이 보이면 육아가 됐던 집안일이 됐던 일단 이걸 빨리 끝내고 쉬어야겠다는 마인드가 강해졌고, 제가 그렇게 하다 보니까 와이프도 '남편도 똑같이 힘들 텐데 내가 먼저 해 줘야겠다'는 것이 생겨서요. [참여자 4]

저도 육아휴직을 하고 아이를 보는 것이 얼마나 힘든지를 알게 됐으니까... (와이프는) 본인이 힘든 것을 많이 얘기하죠... 막 그런 새콤달콤한 건 없어졌죠. 없어졌는데. 저희는 그런데 동지애라던지 약간 그런 거는 생겼어요. [참여자 7]

나. 가족으로부터의 아빠 역할에 대한 인정

정체성 이론에 따르면 아빠정체성을 형성하는 데에는 중요한 타자로부터의 인정과 평가(reflected appraisal)가 중요한데, 이 연구의 참여자들은 육아휴직 기간을 통해 아내와 자녀와 같은 중요한 타자로부터 아빠 역할을 수행하는 것에 대해 긍정적인 평가를 받기 시작하였다. 특히 엄마가 되고 나서 홀로 사회적으로 기대되는 부모(양육자)역할을 수행하느라 힘겨워했던 아내들은 남편이 함께 아빠 역할을 인식하고 수행하면서 일차적으로 삶의 만족감이 높아지고 아빠 역할을 하는 남편에게 긍정적인 피드백을 보내게 되었다. 한 달간의 남편의 육아휴직 기간을 한마디로 뭐라고 평하겠냐는 질문에 대해 아내들은 '처음으로 행복'한 시간, '힐링의 시간'이라고 표현할 정도로 만족감을 나타냈다.

> 남편이 육아휴직을 해서 나의 책임과 부담을 나눌 사람이 생겼다는 것이 너무 든든했어요. 그래서 행복할 여유가 생긴 거죠. (부모로서의) 부담감이 한 100이었는데, 남편이 그래도 한 40은 가져가 주니까 비워진 40이 행복으로 채워진 거죠. 그래서 (아이 낳고) 처음으로 행복했어요. 그 한 달 동안! [참여자 3 아내]

또한 우리 사회에서 산후조리나 아이 돌봄의 역할기대가 엄마와 (외)할머니에게 향하는 만큼 아빠의 돌봄 역할 참여로 인해 아이의 외할머니로부터 긍정적 피드백이 이루어지기도 하였다.

> 제일 좋아하는 분은 장모님이죠. 거의 대부분의 집들을 보면 (할머니들이) 해야 한다는 사회적인 통념 때문에 부담을 많이 가지시잖아요. 근데 그런 부분에 있어서 많이 자유로워지니... 장모님이 제일 좋아하셨어요. [참여자 1]

연구 참여자의 한 달간의 육아휴직을 통한 인정과 평가는 자녀로부터 특히 많이 이루어졌다. 아이와 시간을 보내고, 아이가 자신에게 반응하고 좋아하는 것을 보면서 아빠로서의 위치가 만들어졌다.

> (아기가) 되게 좋아하거든요. 늘 보면, 막 웃고... 어쨌든 아기도 처음 봤을 때는 어색할 수 있고, 저도 아빠라는 역할이 처음 생긴 거니까 어색할 수 있는데 어쨌든가 초반에 한 달을 같이 24시간을 계속 붙어있기 때문에 좀 더 친밀감, 유대감이 빨리 형성되지 않았을까 하는 생각을 해요. [참여자 9]

특히 아이가 둘이어서 첫째 때에는 해보지 않은 육아휴직을 둘째 때에 경험한 경우 자녀가 보내는 메시지가 극명하게 달랐고 이에 따라 자신들도 아이를 대하는 것이 다를 수밖에 없었다는 이야기를 하는 경우가 있었다. 시간을 같이 많이 보내지 못했던 자녀의 경우 엄마만을 찾는 데 비해서, 육아휴직 기간 동안 시간을 집중해서 함께 보냈던 자녀는 자신을 따르고 의지하는 모습을 보이기 때문에 더욱더 '아빠'로서의 자리가 마련되었다고 느끼는 것이다.

> 둘째를 키워보니까 확실히 둘째한테 정이 가는 것 같아요. 같이 자고, 제가 먹이고. 애착이 훨씬 가는 것 같아요 첫째보다… 첫째 때는 제가 육아를 안 해서 첫째와의 추억이 없어요. 그리고 핸드폰에 첫째 사진도 많이 없는 거에요. 근데 둘째랑은 하루 종일 있으니까 핸드폰에 사진이 엄청 많은 거예요. [참여자 8]

> 제가 첫째를 데리고 많이 다녔어요. 그래서 뭐 아쿠아리움, 도서관 이런 데도 데리고 갔는데, 그 때 아빠하고 딸하고 맨날맨날 이렇게 둘만 다니니까 확실히 애하고 친해진 것 같아요. 지금도 둘이 있어도 전혀 거리낌이 없고 둘이서 막 다녀요. [참여자 6]

(2) 영역 횡단자로서의 아빠노동자 등장

남성 육아휴직 의무제를 통해 연구 참여자들은 실제 돌봄의 역할에는 무엇이 있고, 어떤 행동들이 기대되고 성공적으로 수행하려면 어떻게 해야 할지 그 경계 안에 진입함으로써 비로소 알게 되었다. 그리고 일단 '발을 한 발 같이 들여놓으면' 그 경계는 더 이상 공고하게 구분되는 경직된 경계가 아니라 투과성이 높은 공동의 공간으로 변화하였고, 이는 새롭게 획득한 역할을 지속하는 데에 도움이 되었다.

이게 육아라는 게 발을 한 발 같이 들여놓으면 '나는 안돼!'라고 할 수 없잖아요. 밖에서 바라보는 것과는 다르게 내가 한 달 같이 살아보면, '와! 이게 그런 거구나!' 하고, 나 몰라라 할 수가 없게 되는 거죠. 이게 아예 몰랐으면 '나도 회사에서 상당히 힘들게 살고 있다!' 그런 얘기를 할 텐데, 근데 그걸(육아도 힘들다는 것) 아니까... [참여자 9]

육아휴직 하면서 한 번 발을 들여 놓은 세계가 많아지다 보니까요, 제 역할이 그 전보다는 더 많아진 것 같아요. "오빠 이거 할 수 있지? 이거 할 수 있지? 오빠 애 밥 좀 먹여줘" 더 많아졌죠. [참여자 1]

워킹맘들이 일과 가정 영역 간의 경계 지역을 오가면서 두 가지 영역 모두에서 핵심 역할 수행하기 위해 고군분투했던 것처럼, 육아휴직을 경험한 연구 참여자들도 한 달 후 회사에 복직하고 나서 기존의 생활과는 180도 다른 아빠노동자로서의 생활이 새롭게 시작되었음을 이야기하였다. 특히 한 순간의 공백도 없이 지속적으로 보살핌을 제공해야 하는 영유아기 자녀를 둔 부모에게는 아이와 보내는 시간이 가장 중요하고 필수적인 것이 되었다. 소위 사회생활이라고 하는 퇴근 이후나 주말의 회사 동료와의 술 약속, 교류 활동, 당일 약속은 아빠노동자이기에 스스로 '은퇴'를 선택하기도 하였다.

(아내가) 3가지 철칙을 정해 줬어요. 이틀 연속으로 술 마시지 마라. 수, 금 쓰지 마라. 당일 통보하지 마라. 이 세 가지 철칙을 지키면서 살고 있어서...(웃음)... 사실 당일 술 약속을 하지 말라고 했을 때 저의 사회생활을 막으려는 건

가라는 생각이 있었는데... 한두 달 정도는 불편했는데 시간이 가면서 당일 약속이 (자체가) 거의 없어지더라고요. [참여자 4]

(동료도 내가) 올 수 있냐고 미리 물어보죠. "뭐 하는데 올 수 있어?" 물어보죠... 제가 원래 저희 팀 야구팀 주장을 했거든요. 첫째 때까지만 해도 "미안한데 토요일에 야구 좀 하고 올게" 했는데 둘째 때는 제 스스로 은퇴를 했죠. [참여자 1]

아빠노동자들이 일터와 가정 영역 사이를 오가게 되자 기존의 영역횡단자였던 워킹맘에 대한 보다 깊은 이해와 배려가 가능해졌다. 워킹맘들만 고군분투했던 일터에 이들의 입장을 이해하고, 배려하고, 조력하려는 태도를 보이는 아빠노동자가 등장하기 시작한 것이고, 이들 간의 고충을 공감하고 위로하고, 서로 도울 수 있는 공동체 의식이 생기게 되었다. 이는 지금까지 일터와 가정 영역 간의 균형을 맞추는 데에 있어서의 어려움을 깊이 공감하는 사람들의 양적 증가를 가져오는 것이고, 일터와 가정에서 어떤 부분을 고려해야 진정으로 자녀를 키우는 부모에게 실질적인 도움이 되는 것인지 함께 고민하기 시작한 것이라고 할 수 있다.

계속 자녀하고 통화하는 직원이 있거든요? 그거 들으면서 '왜 이렇게 애랑 통화를 업무 중에 하지?'라고 생각했었어요. (그런데 이제는) 그럴 수도 있겠구나 생각이 들더라고요... 지금은 저도 와이프와 통화하는 일이 많아졌어요... 심지어 저조차도 바뀌었으니까 이해가 되는 거예요. 애 있으면 많이 패턴이 바뀌는구나라고 생각이 되는 거죠. [참여자 5]

제가 육아휴직을 다녀왔더니 과거에 애기엄마들한테 배려해줬던 것처럼 (회

> 사 사람들이) 나한테 배려해주신다는 느낌을 받았거든요. 제가 다녀오고 나니까 (워킹맘들을) 더 배려해줘야 한다... 이게 장난이 아니구나를 느끼니까 나 또한 과거에 가지고 있었던 생각을 고쳐먹게 되더라고요. [참여자 9]

동료들과 인간적인 관계를 갖고 관계망을 형성하는 데에 있어서도 아빠노동자라는 정체성을 가짐으로써 공통의 관심을 가진 집단이 형성되기 시작한 것도 매우 큰 특징이라고 할 수 있다.

> 회사에서 몇 번 마주쳤던 분이 있는데 또래라는 건 알고 있었는데 거기서(대디스쿨) 만났어요. '아 저 사람도 또래의 애를 낳았구나!' 했는데... 어느 날 나중에 같이 교육을 하게 됐는데 혼자 멀뚱멀뚱 서 계시길래 다가가서 "애가 아들이에요 딸이에요? 딸이에요? 좋으시겠다" 이런 애엄마들이나 할 법한 대화를 (우리가) 서로 하고 있게 되더라고요. 그러면서 연락처를 주고받고... [참여자 9]

> 어린이집 가게 되면서 좋았던 점은 같은 회사에 계신 선배나 동기가 있어서 오며가며 거기서 좀 보게 돼요. 아침에 출근할 때 '어 안녕' 이러면서... 이게 참 좋은 기분이 들더라고요... 오늘 힘들어 보이신다, 잠을 못 잤다. 이렇게 말하면서 공감하고 이런 것이 너무 좋아요. [참여자 7]

아이가 또래이기 때문에 인사하게 되는 회사 동료가 생기고, 동료들과 일상의 즐거움과 고민을 나눌 수 있는 동료가 늘어나는 것은, 아이를 키우는 아빠의 일상 또한 중요하게 여기는 아빠노동자가 주변에 함께 있기 때문에 가능한 일이다. 양적인 증가는 조직문화를 변화시키는 데에도 크게 기여할 것이라고 예상되는데, 아빠노동자로서의 정체성을 가지고 있는 집단이 늘어남에 따라 그들의 관심사와 요구를 반영하는 방향으로 일터도 변모할 것으로 기대되기 때문이다.

5. 결론 및 논의

이 연구는 기존의 연구 및 정책이 여성의 일과 가정의 양립에 초점을 맞추고 있었던 것과 달리 남성의 일과 가정의 균형 문제에 초점을 두었다. 이는 기존의 남성과 여성, 근로자(노동자)와 부모 역할에 대한 논의에서 상대적으로 소외되어 있던 아빠노동자에 대한 역할 논의로 시야를 확장시킨 것이다. 이를 우리 사회의 구체적인 맥락 안에서 바라보기 위하여 이 연구는 A기업에서 실시한 '남성 육아휴직 의무제'에 초점을 맞춰 다양한 문서와 실무담당자의 인터뷰를 통해 이 제도의 도입 과정과 특징을 살펴보고 이 제도를 이용한 남성 아홉 명과 그들의 배우자 네 명에 대한 인터뷰 결과를 분석하였다.

A기업의 사례는 아빠들을 대상으로 육아휴직을 '의무화'하여 평사원에서부터 관리자급까지 모든 구성원이 보편적으로 사용할 수 있도록 하였고, 개인 차원을 넘어서 기업 내 조직문화라는 집단적 변화도 나타났다는 특징이 있다. 그리고 대체근로자 충원 없이 의무육아휴직 기간을 1개월로 설정하여 부모됨 전이를 경험한 부부가 실질적인 변화를 경험할 수 있는 절대적인 시간을 보장하였다. 한 달간의 의무육아휴직 동안 통상임금 100%를 보장함으로써 경제적인 어려움 문제를 최소화하도록 안전장치를 마련한 것도 이 제도의 또 다른 특징이다. 육아휴직 시기를 설정함

에 있어 아이 출생 3개월 이내로 제한하여 '부모됨 전이기'라는 시기의 초기 아빠 경험 및 정체성 확립의 기회를 제공하고자 하였고, 아빠들을 위한 부모교육을 정례화하여 아빠정체성을 형성하고 역할을 수행하는 데에 도움을 주고자 하였다는 특징을 보였다. 이러한 특징들은 여성들이 갖는 출산전후휴가에 상응한 '아빠출산휴가'로 요약될 수 있을 것이다.

이 제도를 이용한 남성과 그들의 배우자 인터뷰를 통해 육아휴직 경험을 분석한 결과, 남성 육아휴직자는 한 달 동안 24시간 돌봄을 담당하는 부모 역할을 경험해봄으로써 자신이 헌신한 시간과 에너지를 통해 아빠의 정체성을 만들어가기 시작하였고, 가족으로부터 아빠역할에 대한 인정을 받기 시작하면서 아빠의 정체성을 형성할 수 있었다. 특히 함께 돌보는 양육자로서 아내를 이해하고 아내로부터 인정받으며 아빠의 정체성은 커져 나갔고, 자녀가 좋아하고 의지하는 존재로서 아빠의 자리가 만들어지면서 아빠의 정체성은 보다 확고해질 수 있었다. 가족으로부터의 인정, 특히 자녀와의 유대는 김진욱과 김진의 연구(2015)에서도 동일하게 나타난 결과로서, 아이가 엄마가 아닌 아빠와 있어도 문제가 없고 아빠를 찾고 좋아한다는 점은 아빠들이 육아휴직을 통해 느끼는 가장 큰 기쁨 중의 하나이었다.

이 연구에서는 선행연구들에서 나타난 육아를 둘러싼 부부관계에서의 '새로운 갈등'이 거의 드러나지 않았다는 특징이 있다. 이것은 선행연구가 12개월 육아휴직을 사용한 아빠들을 대상으로 한 경우가 많았던 반면, 이 연구의 참여자들은 기간이 1개월로 짧았다는 것과 관련되었을 수 있다. 이 연구의 참여자들도 육아휴직이 길었다면 부부 간의 갈등이 나타났을 수도 있다.

그러나 이러한 예측에서 두 가지 점에 유의할 필요가 있다. 첫 번째는 갈등이 항상 나쁜 것은 아니라는 점이다. 일단 공동양육자로서 팀을 꾸린 만큼 팀원 간의 의견 조율은 필수적인 것이고 이 과정에서 갈등은 쉽게 발생할 수 있다. 두 번째는 이 연구와 선행연구의 연구 참여자 자녀의 연령대에 차이가 있다는 점이다. 선행연구의 연구 참여자들은 대부분 유아기 자녀의 아빠들이었다. 이에 비하여 이 연구의 참여자는 생후 3개월 정도의 영아기 자녀의 아빠들이었다. 아이가 서너 살이 될 때까지 엄마가 혼자 주 양육자 역할을 하면서 육아와 관련한 양육태도와 규칙 등을 마련했다면, 아빠가 뒤늦게 육아에 참여하고자 할 때 엄마는 자신의 육아 방침과 영역을 수호하려는 영역수호자(boundary keeper)의 모습을 보이기 쉽다. 아내와의 양육관 차이는 아빠들의 육아참여를 가로막는 장애요인이 되기도 한다(이옥경&안영혜, 2017). 엄마들이 홀로 영역수호자가 되어버리기 전에 처음부터 부부가 부모라는 하나의 팀을 만들어 나간다면, 나중에도 갈등이 심각하지 않을 수 있다. 부모됨 전이기에 부부가 함께 양육에 대해 고민하고 가치관을 세우고 규칙을 정한다면 아빠의 육아 참여가 부부 간의 갈등을 야기시키는 요인이라고 인식하는 오류는 줄어들 수 있을 것이다.

A기업의 남성 육아휴직 의무제를 통해 연구 참여자들은 일터에 복귀해서도 일터와 가정의 영역을 오가는 영역횡단자(boundary crosser)로서 아빠노동자의 모습을 보였다. 선행연구에서는 연구 참여자들이 대체로 남성의 육아휴직에 대해 우호적이지 않은 환경에서 육아휴직을 사용했

었고, 육아휴직을 선택하고 이를 실행함에 있어서의 어려움에 대한 내용이 많이 포함되어 있을 뿐 복직한 이후의 생활에 대해서는 거의 알려진 바가 없다(김진욱& 김진, 2015; 홍승아, 2018). 선행연구에서 밝혀진 남성 육아휴직자가 육아휴직을 선택하면서 경험한 직장 문화는 부정적인 것들이었다. 이들은 조직 내에서 최초의 육아휴직자라는 꼬리표를 달고 살아야 했다. 대부분의 상사는 육아휴직을 부서의 '공백'으로 인식하고, 육아휴직자에게 부정적인 반응을 보였다. 동료들에게는 업무공백으로 인한 미안한 느낌을 가졌고 스스로는 승진이나 인사고과에서의 불이익을 받게 될 것이라는 불안감을 느꼈다(홍승아, 2018).

그러나 이 연구의 사례에서 일터는 육아휴직 사용이 의무화를 통해 보편적이 되었기 때문에, 휴직이 진행되는 과정에서 특별한 '선택'이나 '설득'을 필요로 하지 않았다. 오히려 주변의 격려 속에서 이루어질 수 있었다. 어느 정도 시기가 예정되어 있는 1개월간의 육아휴직은 사전에 업무량이나 분담 방법 등을 조율하여 육아휴직자의 공백을 최소화할 수 있으므로 동료에 대한 미안함과 같은 문제도 별로 없었다. 대신에 이번에는 내 차례이고 다음에는 다른 사람 차례로 돌아가는 것이라는 공동체 의식이 생겨났다. 육아휴직 1개월 동안은 인사평가 기간에서 제외하여 승진이나 인사고과에서도 문제가 되지 않았다. 복직 후에는 일터와 가정의 영역을 오가는 워킹맘들의 고충에 자신을 대입하며 공감하는 모습을 보였다. 이는 아빠노동자들이 워킹맘들과 유사하게 일터에서도 가정의 영역에 관심을 놓치지 않는 것과 관련이 있다. 일터와 가정이라는 두 영역 간 투과성(permeability)과 유연성(flexibility)을 높이는 데 아빠노동자들도 이해를 함께 하게 된 것이다. 이러한 아빠노동자들이 조직 내에서 양적으로 증가하는 것은 돌봄의 가치를 이해하고 존중하는 가족친화적인 조직문화를 형성하는 데에도 기여할 것으로 기대되었다.

이 연구의 결과는 육아휴직을 '선택'한 일부 남성들을 대상으로 한 기존의 남성 육아휴직자 연구와 달리, 육아휴직을 보편적으로 사용하게 된 조직을 대상으로 연구함으로써 선택효과로 인한 편의 문제를 회피하였다는 장점이 있다. 또한 육아휴직을 통한 개인적 차원의 변화뿐 아니라 집단 내 조직 문화의 변화를 보여주었다는 점에서도 의미가 있다. 그럼에도 이 연구의 결과는 두 가지 지점에서 해석에 주의할 필요가 있다. 첫째는 하나의 대기업에서 관찰된 사례라는 점이다. 연구진은 인터뷰 대상자를 4개의 산업 부문별로 구분함으로써 다양한 부문을 포괄하려 하였지만 모두 특정 대기업집단에 소속되어 있다는 한계점은 여전하다. 둘째는 인터뷰 대상자로 선정된 9명의 자료는 여전히 소수의 사례에 불과할 수 있으며 무엇보다 다양한 개별 노동자들의 특성을 포괄하지 못하고 있다는 점이다. 해당 기업 내에서도 비정규직으로 일하고 있거나, 현장직으로 일하고 있는 경우는 면접대상에 포함하지 못하였다. 이 두 가지 주의점으로 인해 이 연구의 결과를 일반화하는 데에는 유의할 필요가 있다. 이 연구에서 관찰된 남성 육아휴직 의무제의 긍정적 현상들이 다른 기업이나 다른 특성의 노동자들에게서는 나타나지 않을 수도 있는 것이다. 또한 남성 육아휴직 의무제를 다른 기업에서도 도입한다면, A기업에서는 나타나지 않았던 문제들이 발생할 수도 있다. 당장 재정상태가 열악한 중소기업에서는 A기업에서처럼 자체적으로 휴직기간 중 통상임금을 100% 보장해주기 힘들 것이다. 피고용인 수가 적은 중소기업에서는 한 달간의 휴직도 업무공백으로 인한 문제를 만들어 낼 수 있다. 이 부분에서 주도면밀한 제도설계와 정부지원이 필요할 것이다.

그럼에도 불구하고 국내 최초로 남성 육아휴직 의무제를 도입한 기업에서 관찰된 남성 육아휴직자들의 모습은 주목할 만한 장면들이 많았다. 출산 초기 한 달간의 육아휴직을 통해 아빠라는 정체성을 형성하고, 일과 가정 영역 모두에서 중심적 역할을 수행하는, '아빠노동자'라는 새로운 유형의 경계횡단자(border crosser)가 등장한 사례는 '일-가정 균형'을 향한 의미 있는 발견이라 생각된다.

II. 육아휴직제를 사용한 남성의 가정 및 직장에서의 경험 연구

Ⅱ. 육아휴직제를 사용한 남성의 가정 및 직장에서의 경험 연구[1)]

1. 서 론

최근 통계청에서 발표한 2018년 합계출산율은 0.98명이다. 우리나라에서 합계출산율을 발표하기 시작한 이후 가장 낮은 수치이다(통계청, 2019). 합계출산율이 2.05보다 낮아지기 시작한 것은 1984년(1.74)부터이지만 출산율의 지속적인 감소에 대해 정부가 정책과제로 대응한 것은 오래되지 않았다. 정부는 2005년부터 저출산 정책을 제도화하고 2006년에 제1차 저출산 · 고령사회 기본계획을 발표했다. 이후 관련 연구가 많이 진행되었다. 주로 출산과 양육에 장애가 되는 요인을 밝히고 장애요인을 완화시키는 방안에 관한 것이었다. 정책적으로도 출산의 주체로 인식되는 '여성'에 초점을 맞추고 여성이 출산과 양육하기 좋은 환경을 구현하고자 하였다. 이를 바탕으로 '기혼 취업여성의 일과 가정 양립'은 저출산 정책의 중요한 분야 중 하나가 되었다. 이는 제1차와 제2차 저출산 · 고령사회 기본계획에서도 중요한 정책적 목표로 제시되었다.

결혼과 출산은 여성 개인이 혼자서 결정하고 담당하지 않는다. 아내와 남편 및 가정을 둘러싼 많은 환경들이 출산과 부모로서 역할을 수행하는

---

1) 이 논문은 『보건사회연구』 39(4), pp. 280–319에 게재된 내용을 재수록한 것임.

데 고려된다. 그럼에도 불구하고 지금까지는 남성이 저출산 정책의 대상자로 크게 주목받지 않았다. 남성이 결혼과 출산, 양육과정에서 중요한 정책적 대상자로 등장한 것은 제3차 저출산 · 고령사회 기본계획(2016~2020)에서부터이다. 남성의 일과 가정 양립 또한 중요한 저출산 정책 과제로 등장했다. 덧붙여 정부는 2018년도에 저출산 정책 패러다임 전환을 선언하였다. 출산과 양육에 장애가 되는 요인을 완화하여 출산을 장려하려는 목적을 지닌 정책에서 국민의 '삶의 질'을 개선하고 '남녀 평등한 노동과 양육여건 확립'으로 방향을 전환한 것이다.

남녀 평등한 일 · 가정 양립정책을 용어만 놓고 보자면 일터와 가정에서 남녀 모두 평등하게 각자의 역할을 잘 수행할 수 있도록 도움을 주는 정책이라고 할 수 있다. 그중 육아휴직제도는 일 · 가정 양립정책 중 대표적인 정책이다. 그런데 아직까지는 남녀 모두에게 평등한 육아휴직제도가 정립됐다고 보기 어렵다. 출산 이후 자녀를 돌보기 위해 남성보다는 여성이 주로 육아휴직제도를 이용한다. 2018년 현재 육아휴직 이용자 수는 99,199명이지만 남성은 17,662명이다. 그나마 남성 육아휴직자 수는 2016년 7,616명에서 2017년 12,042명으로 크게 증가하여 2018년 현재 17,662명이다.

최근 3년 동안 남성 육아휴직자수는 급증하고 있다. 이는 휴직기간 중 소득보전이 강화된 것과 관련이 깊다. 2014년부터 시행된 육아휴직 특례제도인 '아빠의 달' 이용개월수는 시행초기 1개월에서 2016년에 3개월로 상향조정되었다. 소득상실에 대한 보전상한액도 2017년에는 150만 원에서 200만 원으로 상향조정되었다.

그럼에도 2018년 전체 육아휴직자 중 남성 육아휴직자의 비율은 17.8%에 불과하다. 그 해 출생아 수와 단순 비교하면 약 5%에 지나지 않는다(고용노동부, 2019b). OECD 국가 중 우리나라는 남성의 육아휴직제도 사용자 비중이 매우 낮은 편이다. 2015년 기준으로 스웨덴은 남녀 구분 없이 육아휴직제도 이용률이 90%에 가깝거나 90%를 넘어간다(송지원, 2018, p. 69). 노르웨이 또한 육아휴직 이용대상 남성 중 육아휴직을 이용한 비율이 90%를 넘는다.

아직까지 우리나라는 남성 중 일부 소수만이 육아휴직제도를 이용하고 있는 셈이다. 그러다보니 육아휴직을 이용한 남성의 경험에 대한 연구도 제한적이다(김진욱, 권진, 2015, p. 269). 육아휴직제도를 직접 이용해 본 남성의 경험에 대한 연구는 몇 편에 지나지 않는다(강혜경, 2013; 김연진, 김수영, 2015; 김진욱, 권진, 2015; 조윤경, 민웅기, 2012; 홍승아, 2018). 최근 제도개선이 이루어지고 있음을 감안하면 최신 사례를 통해 남성 육아휴직을 연구할 필요성도 제기된다. 이에 본 연구는 2016년 이후로 육아휴직을 사용한 경험이 있는 남성들과의 인터뷰를 통해 '남성 육아휴직'이 남성들에게 가정과 직장 생활에서 어떠한 경험을 갖게 하였는지 살펴보고자 한다.

2. 선행연구 고찰

1) 남성의 부모됨

어머니와 구별되는 아버지만의 고유한 역할은 무엇일까? 아버지만의 독특한 역할은 성역할 모델을 강조하던 시기에 주로 논의됐다. 성역할 모델에 의하면, 아버지는 아들과 상호작용하는 방식이 다르며(Harris, Furstenberg, Marmer, 1998, p. 202), 아들과 딸을 사회화시키는 방식도 다르다고 한다.

아버지는 자녀의 성장에 긍정적 영향을 준다고 한다. 그 이유는 아버지의 존재 자체가 자녀의 건강한 발달에 영향을 줄 수 있기 때문이라는 것이다(Langlois & Downs, 1980; 송요현, 현온강, 2008, p. 132에서 재인용). 아버지가 없는 한부모 가정과 양부모 가정의 자녀 성장과 발달을 비교한 연구들은 아버지가 자녀에게 주는 자극의 고유함으로 인해 양쪽 부모가 있는 가정의 자녀가 그렇지 않은 자녀에 비해 좀 더 다양한 신체적, 사회적, 인지적 자극을 받았기 때문이라고 설명한다(Lamb, Pleck, & Levin, 1985). 즉, 아버지의 양육참여는 자녀의 사회성, 정서, 인지, 신체 발달 등에 긍정적인 영향을 주며, 아내의 양육스트레스를 완화시킴으로써 궁극적으로는 아동에게도 긍정적인 영향을 미친다(이영환, 2016, p.72; 김진희, 2005, p. 114).

물론 아버지의 존재만으로 항상 자녀에게 긍정적인 영향을 주는 것은 아니다. 자녀와 함께 보내는 시간이 길어진다면 긍정적인 상호작용을 할 기회를 높인다는 점에서 자녀의 성장발달에 도움이 된다고 할 수 있다(윤서영, 정옥분, 1999, p. 116). 하지만 중요한 것은 양보다 질이다. 아버지가 자녀와 어떠한 활동을 함께 하는지가 더 중요하다. 극단적인 예로 폭력을 사용하는 아버지가 자녀와 보내는 시간은 부정적인 영향을 미칠 가능성이 훨씬 높다. 부부 간 갈등이 심각할 경우도 자녀에게 미치는 영향은 부정적일 수 있다. 이 경우 아버지의 존재는 자녀가 문제행동을 일으키는 원인이 되기도 한다(이영환, 2016, p. 72). 결국 아빠와 자녀가 함께 보내는 시간의 질적인 측면이 자녀의 건강한 성장 발달에 더 중요하다고 할 수 있다.

아버지의 양육참여는 자녀뿐 아니라 아버지 자신에게도 긍정적인 영향을 줄 수 있다(김진희, 2005; 황정해, 2006). 자녀 양육 과정에서는 많은 갈등상황과 문제가 발생하는데, 이를 해결하는 과정을 통해 타인을 배려하고, 더 나아가 세상에 대한 관심과, 사회문제에 대한 관심으로 확장되기도 한다(황정해, 2006, p. 50). 자녀가 안전하고 건강하게 살아갈 수 있는 세상에 관심을 가지기 때문이다.

선행연구들은 자녀를 돌보는 능력에서 아버지와 어머니 간에 차이가 없다고 본다(김혜선, 2005, p. 74; 윤서영, 정옥분, 1999, p. 102). 다만, 어머니에 비해 아버지가 자녀의 양육에 참여하는 시간이 짧고 기회를 적게 갖다보니, 자녀를 양육하는 능력차이가 만들어진다고 한다(박철순, 고은미, 2018, p. 198). 뒤집어 말하면, 아버지에게 자녀를 돌보는 데 필요한 기술과 지식을 축적할 만한 충분한 시간이 주어진다면 어머니만큼 자녀양육능력을 갖추게 할 수 있다. 물론 이것이 아버지 혼자서 독립적으로 자녀에게 영향을 준다는 것을 의미하는 것은 아니다. 아내와 어떠한 상호작용을 하는지도 중요하다(이정덕, 황정해, 2000, p. 50). 마찬가지로 어머니의 역할 정체성이나 역할을 수행하는 능력은 남편이 어떠한 역할을 하는지에 따라서도 달라질 수 있다. 이러한 관점에서 보자면, 부모의 역할은 서로에게 지지와 지원이 있을 때 더 잘 수행할 수 있다고 볼 수 있다.

아버지 역할을 수행할 수 있는 기회는 근로조건에 의해서도 달라진다(이정덕, 황정해, 2000, p. 50). 아버지 스스로 자녀양육에 참여하고 싶은 의지가 있어도 가정보다 일을 중요시하는 기업문화라면 자녀와 함께 보내는 시간을 확보하기 어려울 것이다(박철순, 고은미, 2018, p. 198). 생계부양자로서의 역할을 져버릴 수 없기 때문이다. 아버지가 직장에서 근무하는 시간이 긴 경우, 자녀의 양육에 참여할 가능성이 낮아진다(박선주, 강민주, 2017, p. 100; 송혜림 외, 2017, p. 197; 이연승, 김현정, 최진령, 2017, p. 812; 이현아, 김선미, 이승미, 2016, p. 246).

'아버지됨'을 지원하는 제도를 통해 자녀양육 참여 기회를 확대하는 것도 가능하다. 육아휴직을 이용한 아버지는 자녀와 함께 보내는 시간을 확보하고, 자녀양육을 경험함으로써 자녀양육에 필요한 기술과 지식을 습득하게 되며, 자신만의 양육기술과 방식을 형성할 수 있는 기회를 갖게 된다(김진욱, 권진, 2015, p. 296).

2) 육아휴직제도

1987년도에 육아휴직제도가 신설되었을 때에는 여성만을 대상으로 하였다. 1995년에 처음 남성도 육아휴직을 사용할 수 있게 되었다. 그러나 이때에는 무급 육아휴직이었고, 소득 상실에 대한 보전이 전혀 없었다. 2001년 월 20만 원부터 시작한 소득보전은 이후 조금씩 증가하여 2010년에는 월 50만 원이 되었고, 2011년부터는 정액제 대신에 정률제로 변환이 이루어졌다. 처음엔 월 통상임금의 40%를 보전해주되, 하한액 50만 원, 상한액 100만 원으로 제한을 두었다. 또한 2003년까지는 1세 영아를 둔 부모만이 육아휴직을 사용할 수 있었는데, 2004년부터는 3세 미만, 2010년부터는 만 6세 이하, 2014년부터는 만 8세 이하의 아이를 가진 부모가 육아휴직제도를 활용할 수 있도록 대상 범위가 확대되었다(고용노동부, 2019a).

육아휴직제도의 실효성을 높일 수 있도록 큰 변화가 있었던 것은 2017년도이다. 육아휴직 첫 석 달 동안은 월 통상임금의 80%를, 나머지 기간은 40%를 보전해주도록 하였다. 또 첫 석 달 동안은 하한액과 상한액을 각각 70만 원과 150만 원으로 상향 조정하였다. 2019년에는 월 급여지원이 더욱 강화되어 첫 석 달 동안은 월 통상임금의 80%가 유지되고, 나머지 기간은 50%로 상향 조정되었다. 대상아동 연령은 만 8세 이하 아동으로 확대했던 것이 유지되었다(고용노동부, 2019a). 이는 양육지원이 필요한 시기가 영유아기뿐만 아니라 초등학교에 취학한 시점에도 필요하다는 요구를 반영한 결과라고 볼 수 있다.

이처럼 육아휴직제도가 강화되면서 여성과 남성 육아휴직 이용자 수는 2011년도 이후부터 꾸준히 상승하고 있다. 그러나 여성에 비해 남성 육아휴직제도 이용자 수는 여전히 적다. 여성 육아휴직자 수는 2017년도에 78,000여 명, 2018년에는 82,000여 명이나, 남성 육아휴직자 수는 같은 시기 12,000여 명과 17,700여 명으로 여성 사용자 수가 남성 사용자 수에 비해 각각 약 6.5배, 4.6배가 많았다. 그럼에도 남성 근로자의 육아휴직제도 이용자 수가 급속하게 증가하고 있는 것도 사실이다. 이러한 증가세는 2014년부터 두드러지는데, 이는 2014년도에 도입된 육아휴직특례제도의 영향으로 보인다. 이 특례제도의 별칭이 '아빠의 달'인 것에서 엿볼 수 있듯이, 이는 남성 근로자의 육아휴직제도 이용을 장려하기 위해서 도입되었다. 2014년 도입 당시 '아빠의 달'은 동일 자녀에 대해 두 번째 휴직자가 육아휴직을 사용할 경우, 첫 한 달은 통상임금의 100%(상한 150만 원)를 지급받도록 설계하였다. 따라서 첫 번째 사용자보다 두 번째 사용자가 임금이 높아야 유리하다. 대개 임금은 여성보다 남성이 높기 때문에 같은 자녀에 대해 여성이 먼저 사용하고 남성이 두 번째로 사용하는 것을 상정한 것이다. 제도 도입 이후 '아빠의 달' 이용자수는 지속적으로 증가하였다. 2018년 남성이 사용한 경우가 5,737명이며 여성은 869명이다(고용노동부, 2019b). 이는 2016년도에 비해 두 배 이상 증가한 수치이다. 2019년 현재 '아빠의 달'은 첫째 자녀를 대상으로 사용할 경우, 3개월 동안 한 달에 최대 150만 원씩 받을 수 있으며, 둘째 자녀 이상을 대상으로 사용할 경우 3개월 동안 한 달에 최대 250만 원씩 받을 수 있다.

3) 남성 육아휴직자 관련 선행연구

2014년까지도 전체 육아휴직자 중 남성의 비율은 5%를 넘지 못했다. 육아휴직을 사용한 남성은 소수, 특수한 사례이었다. 그러다보니 남성을 대상으로 한 연구도 드물었다. '아빠의 달'이 도입된 2014년 즈음부터 남성의 육아휴직 경험에 관한 학술적 관심도 증가하였는데, 특히 초기에는 젠더 관점에 입각하여 남성의 육아휴직제도를 분석하고자 하는 노력이 이루어졌다(강혜경, 2013; 김연진, 2013; 조윤경, 민웅기, 2012). 조윤경과 민웅기(2012)의 연구는 남성의 육아휴직이 용인되는 특정 신문사에 다니는 기자 다섯 명과 그들의 배우자를 대상으로 하였다. 10개월간 육아휴직을 한 1명을 제외하고 남은 네 사례는 5개월 이하의 기간 동안 육아휴직을 경험하였다. 그 시점은 2006~2008년 사이가 3명, 다른 2명은 2011년이었다. 이 연구는 아버지들이 육아휴직을 통해서 돌봄자로서의 역할을 수행하고 새로운 아버지상을 구성함을 확인하였다. 이를 통하여 연구자들은 남성이라는 젠더를 보다 적극적으로 인지하고 고려하는 가족복지정책 수립이 필요함을 역설하였다. 강혜정(2013)과 김연진(2013)은 보다 직접적으로 남성 육아휴직제도에 젠더관점을 투영하였다. 이들은 "남성들의 육아휴직 기간 동안의 양육의 경험은 젠더변화를 가져올 수 있을까?"와 "육아휴직 제도를 통한 남성들의 가사 및 돌봄 노동의 수행이 가정 내 근대적 성별 노동 분업의 형태에 변화를 가져올 수 있는가?"라는 연구문제를 통해 젠더관점에서 남성 육아휴직의 효과를 탐색하고자 하였다. 2012년에 육아휴직을 했던 세 명의 남성을 심층 인터뷰한 강혜정(2013)과 2012~ 2013년에 남편이 육아휴직을 했던 8쌍의 부부를 인터뷰한 김연진(2013)의 연구에서는 남성의 자녀 돌봄 경험이 기존의 성별분업에 따른 역할을 답습하는 데에서 벗어나 젠더 감수성이 향상되고, 새로운 남성성 추구로 이어질 수 있으며, 성평등한 사회에 기여할 가능성이 있다고 하였다.

2015년 이후부터는 저출산 극복을 위한 일-가정 양립 정책으로서 남성의 육아휴직에 초점을 맞추어 직장환경에서의 가족친화적인 문화를 탐색하는 연구가 진행되었다(김진욱, 김진, 2015; 홍승아, 2018). 김진욱과 권진(2015)은 2014년부터 2015년 사이에 일 년간 육아휴직을 사용했던 남성 10명을 대상으로 심층 면접을 수행하였다. 2014년도부터 육아휴직특례제도가 도입되었지만, 제도 도입 초기에 남성들이 이를 사용하기란 쉽지 않았다. 김진욱과 권진(2015)은 심층면접을 통해 육아휴직을 선택하는 과정과 이러한 선택에 중요하게 작용한 직장환경의 특성, 그리고 직장 상사와 동료들 사이에서의 역동이 주요 주제임을 확인하였다. 또한 육아휴직 기간 동안 변화된 역할분담과 부부관계, 감소된 가계 소득과 주변의 불편한 시선, 부족한 육아네트워크와 같은 어려움이 주요 주제로 등장하였다. 홍승아(2018)의 연구는 보다 직접적으로 직장환경에 초점을 맞추어 남성의 육아휴직제 활용을 가로막는 조직문화가 어떠한 것일지에 초점을 맞추었다. 그 결과 민간 기업에서는 공식적 절차에 따른 육아휴직 신청 자체가 어렵고, 상사의 부정적 태도, 동료로부터의 부정적 반응, 승진이나 인사고과에서 예상되는 불이익으로 인해 육아휴직 활용이 어려움을 알 수 있었다. 그런데 이 연구 결과는 2012년에 이루어진 인터뷰를 자료로 하였고, 연구 참여자가 육아휴직을 경험한 시점은 2012년보다도 이전임을 고려할 필요가 있다.

실제 육아휴직 사용자가 아니라, 육아휴직을 사용할 수 있는 부모를 대상으로 남성 육아휴직에 대한 인식이나 요구, 장애요인에 대한 양적 연구가 수행된 바도 있다(김태윤, 김미숙, 2016; 성민정, 원숙연, 2018; 이연승, 김현정, 최진령, 2017; 이옥경, 안영혜, 2017). 육아휴직을 경험한 남성이 소수에 불과한 현실을 반영한 것이다. 서울 지역 직장어린이집에 아이를 보내고 있는 취업모 200명을 대상으로 남성의 육아휴직제도에 대한 인식과 활성화를 위한 요구를 살펴본 김태윤과 김미숙의 연구(2016) 결과, 취업모들은 남성의 육아휴직제도가 필요하다는 데에는 83%가 찬성함에도 불구하고 현 제도에서 남편이 사용할 의사는 21%에 지나지 않았다. 다만 고용불안이나 인사상의 불이익, 낮은 육아휴직급여와 같은 현재 제도에서의 문제가 해결된다면 사용할 의사가 있다는 비율이 63.5%까지 올라갔다.

육아휴직을 사용할 수 있는 남성 1,000명을 대상으로 2016년에 부산여성가족개발원에서 실시한 설문조사 자료에서, 5세 이하 자녀가 있는 681명의 아버지만을 대상으로 분석한 결과에 따르면(이연승 등, 2017), 남성의 자녀양육을 지원하는 여러 가지 제도 중에서 배우자 출산휴가에 대한 요구도가 가장 높았고, 이러한 제도의 활성화를 위한 방안으로는 법적 강제시행(의무화)이 42.6%로 가장 높게 나타났다. 이는 기업에 대한 정부지원, 기업의 아빠근로자 지원, 대체인력의 확보, 제도이용자에 대한 불이익 금지, 직장의 가족친화적 분위기 변화, 경영진의 의지와 같은 방안보다 높은 지지를 받는 방안이었다.

육아휴직제도가 존재하고 정책적으로 독려하는 가운데에서도 남성들은 이 제도를 활용하지 못하는 디커플링 현상에 주목한 성민정과 원숙연(2018)은 2015년 가족친화인증기업을 대상으로 소속 남성 근로자 총 457명의 응답을 분석하였다. 남성들의 육아휴직제도가 미활용된다는 디커플링 인식은 조직의 위계문화가 높을수록, 상사의 지지가 높을수록, 조직 내 여성비율이 높을수록, 정규직일수록, 민간보다는 공공조직에 속할수록 낮은 것으로 나타났다.

남성 육아휴직자에 관한 선행연구는 이와 같이 대부분 2015년 이전에 육아휴직을 했던 흔치 않은 사례를 대상으로 하거나, 실사용자가 아닌 사용가능자를 대상으로 한 것이 대부분이었다. 그런데 최근 3년 동안 남성의 육아휴직자 수는 급증하고 있다. 2015년까지 5천 명도 되지 않았던 남성 육아휴직자 수가 2016년에는 7천 6백여 명, 2017년에는 전년대비 58.1%가 상승한 약 1만 2천 명, 2018년에는 전년대비 46.7%가 증가한 약 1만 7천 6백 명으로 급증하고 있다. 이러한 급변하는 상황 속에서 남성들의 육아휴직 경험에서 도출되는 의미는 이전과는 다를 수 있다. 남성 육아휴직을 독려하는 정책 방향 속에서 제도 이용자인 아빠들의 육아휴직 경험을 탐색할 필요성은 더 커졌다고 할 수 있다. 또한 기존 연구에서는 남성 육아휴직자를 선정하는 것 자체가 지극히 제한적이었던 만큼 공공부문에 속한 사람들이나 업무유연성과 자유도가 높은 직업군에 속한 사람들로 연구대상이 한정적이었다. 일반 민간 기업에서 일하는 남성들의 육아휴직 경험에 관해서는 상대적으로 알려진 바가 적다. 따라서 본 연구에서는 민간기업에서 자녀 영유아기에 육아휴직제도를 활용한 아빠들의 경험에 대해 탐색해보고자 한다.

3. 연구방법

본 연구에서는 가족친화제도로서 육아휴직제를 활용한 남성근로자들의 가정과 일터에서의 경험을 이해하기 위해서 합의적 질적 연구방법(Consensual Qualitative Research Method [CQR])을 사용하였다. 합의적 질적 연구방법은 '후기 실증주의적 요소를 포함하면서도 구조주의적 요소를 중요시하는 연구방법'(Hill, Knox, Thompson, Williams, Hess, & Ladany, 2005)으로 알려져 있다. 연구자 1인이 아니라 팀으로 구성된 연구자들이 독립적으로 최대한 충실하게 자료를 검토하고 논의하여 가능한 한 편향되지 않은 연구결과를 귀납적으로 도출한다. 가설 검증이 아닌 개방형 연구 문제를 통해 연구 참여자의 독특성과 고유성에 주목하여 연구 참여자의 경험을 깊이 있게 탐구하고자 하는 연구방법이다. 본 연구는 육아휴직제를 활용한 아빠들의 육아휴직 기간과 육아휴직 이후의 가정과 일터에서의 경험을 이해하고 실질적인 남성 육아휴직제도 마련을 위한 정책 제언을 위하여 육아휴직제도를 활용한 아빠들을 대상으로 합의적 질적 연구 방법을 통해 연구를 수행하였다.

1) 연구 참여자

본 연구는 미취학 자녀를 둔 아빠들 중에서 육아휴직제도를 활용한 적이 있는 남성을 대상으로 하였다. 아빠들의 육아휴직 동안과 육아휴직 이후의 생활에 대한 경험과 생각을 알아보는 것을 목적으로 하였기 때문에 3년 이내에 육아휴직을 경험한 자로 대상을 한정하였다. 이를 통하여 기억할 수 있는 부분이 제한되거나 왜곡될 위험을 최소화하였다. 또한 본 연구는 육아휴직제도를 이용한 남성들의 경험을 통해 실질적인 정책 제언을 하고자 하는 목적을 가지고 있으므로 국가 차원의 복지제도 활용이 수월하다고 알려져 있는 공무원, 교사집단을 제외하고 민간 기업에 근무하는 남성만을 연구 참여자로 한정하였다. 이러한 조건에 부합하는 연구 참여자 14명의 일반적 특성을 살펴보면(106쪽 부표 1 참조), 78년생 1명과 79년생 2명을 제외하고는 모두 80년~85년생으로 1980년대 전반 출생자들이 다수이었다. 연구 참여자의 직종은 유통업, 금융업, IT회사, 건설업 등 다양하였고, 연구 참여자 중 4명은 육아휴직을 하는 기간에 면접이 이루어졌고, 10명은 육아휴직을 마치고 복직을 한 이후에 면접을 하였다. 육아휴직을 6개월 내로만 가졌던 사람은 두 명이었고, 육아휴직 기간 중에 인터뷰한 두 명을 포함하면, 연구 참여자 중에서 총 4명이 육아휴직 기간이 6개월 이내였다. 나머지 연구 참여자는 대부분 10개월 이상 육아휴직을 사용한 경우이었다. 연구 참여자의 배우자는 대부분 풀타임으로 직장을 다니고 있었고, 세 명의 연구 참여자만이 맞벌이가족이 아니었다. 자녀 양육에 있어서 조부모나 도우미의 도움을 받고 있는지에 관해서 14명의 연구 참여자 중 절반은 어떠한 외부 도움 없이 부부가 자녀를 돌봐야 하는 상황이었고, 나머지 절반은 외부의 도움이 있었는데, 조부모의 도움을 전적으로 받는 경우가 많았고, 가사도우미의 도움을 받는 경우도 일부 있었다. 연구 참여자 중에서 자녀가 한 명인 경우는 네 사례이었고, 자녀가 두 명인 경우가 8사례, 자녀가 세 명인 경우도 두 사례이어서, 자녀가 둘 이상인 다둥이 가족이 많았다.

2) 면접 질문지의 구성

합의적 질적 연구 방법에서는 연구팀의 면담자들이 연구 참여자에게 미치는 영향을 최소화하고 일관되게 정보를 수집하기 위하여 면접 프로토콜을 계획한다. 본 연구는 육아휴직 기간 중에 있거나 회사로 복귀한 연구 참여자들에게 육아휴직을 하면서 가정생활에서의 역할, 관계, 태도에 있어서의 변화에 관한 질문과 육아휴직제도의 효과성을 높이기 위한 방안에 대한 의견을 공통적으로 물었고, 육아휴직 후 복직을 한 연구 참여자들에게는 일터로 돌아간 후 자신의 역할이나 관계, 태도에 있어서 변화가 있었는지를 추가적으로 질문하였다. 이러한 질문은 모두 개방형 질문을 통해 연구 참여자의 생각, 의견, 태도가 좀 더 반영될 수 있도록 하였고, 본 연구의 목적에 맞는 일관성 있고 깊이가 있는 답변을 얻기 위해 CQR 연구에서 권장하는 대로 90분 동안 12~15개의 개방형 질문을 마련하여 면담을 실시하였고, 연구 참여자의 답변에 따라 주제에 맞는 선에서 유연하게 진행하였다.

3) 연구팀 구성

본 연구를 수행하기 위한 연구진은 인구 정책, 복지 정책, 가족 정책에 대한 연구를 지속적으로 수행해 온 사회학, 사회복지학, 가족학을 각각 전공한 3인으로 구성하였다. 각기 다른 전공분야는 '남성의 육아휴직'이라는 제도에 대한 다학제적 접근을 가능하게 할 것으로 기대되었다. 또한 연구팀은 2인의 여성과 1인의 남성으로 구성되었고, 연구자들 모두 학령기 자녀를 한 명 이상 두고 있는 부모이기도 했다. 합의적 질적 연구를 수행하는 연구팀으로서 개별 연구자들은 아빠 혹은 엄마로서 가지고 있는 기대나 편견을 미리 공유하였고, 연구 참여자와 개별 면접을 실시하고 나서 각 연구자가 기반하고 있는 학문의 특성이나 개인적인 맥락에 따라 편향된 시각이 존재할 수 있음을 인정하고 이에 대해 개방적으로 논의하고 공유하는 시간을 가졌다.

4) 자료 수집

연구 참여자 모집은 가족친화기업이라고 알려져 있는 대기업을 중심으로 육아휴직을 했던 남성 직원을 소개받았고, 이후 눈덩이 표집을 통해 연구 참여자를 모집하였다. 육아휴직제가 상대적으로 활성화되어 있던 특정 대기업이나 유통업, 금융업, IT 업종의 사람들이 주로 소개가 되었기에 연구 참여자의 편향성을 최소화시키기 위해 2차적으로 의도적 표집을 실시하였다. 눈덩이 표집을 통해서는 찾을 수 없었던 건설업 종사자를 면접하기 위하여 건설 관련 기업의 HR을 통하여 내부 이메일로 연구 참여자를 모집하였고, 중소기업에 다니는 연구 참여자를 추가로 모집하였으며, 지역맘카페를 통해 육아휴직중인 남편을 소개받는 방법도 활용하였다.

이렇게 모집된 총 14명의 연구 참여자들에 대해 연구자가 직접 전화로 사전인터뷰를 실시하여, 연구 참여자가 연구 대상 조건에 부합하는지를 일차적으로 확인하고, 연구자가 연구의 목적과 자신을 소개하는 시간을 가짐으로써 연구 참여자와 처음 대면했을 때에 좀 더 편안하게 이야기를 시작할 수 있는 기반을 마련하였다. 사전인터뷰에서 선호하는 면접 장소와 시간을 확인한 후, 해당 일에 선호 지역의 스터디카페와 같은 조용한 곳에서 약 90분 동안 인터뷰를 실시하였다. 면접은 주로 연구자 2인이 함께 진행하였는데 한 명은 반구조화된 면접 프로토콜을 기준으로 하여 연구 참여자의 응답에 따라 유연하게 질문을 이어가는 일을 하고, 다른 한 명은 주로 필드노트를 작성하며 필요한 경우 추가질문을 하는 방식으로 진행되었다. 본 연구는 연구 참여자 보호를 위해 연구책임자가 소속된 대학의 생명윤리심의위원회(IRB)의 사전 승인을 받았고, 심층 면접을 시작하기 전에 연구 참여자에게 연구주제와 연구 목적, 연구방법, 익명성 및 사생활보호, 연구 참여에 따른 보상, 연구 참여 철회 가능성에 대해 설명하는 시간을 가졌다. 연구에 대한 설명을 들은 후, 자발적으로 연구 참여함을 확인하는 서면 동의서를 받은 후 심층 면접을 시작하였다.

5) 자료 분석

본 연구는 Hill(2016)의 합의적 질적 연구(CQR) 방법에 따라 크게 네 가지 과정을 거쳐 분석하였다. 연구팀은 전사된 녹취록을 독립적으로 반복해서 읽으며 전체에서 주요한 영역(domain)을 설정하고, 의미 단위별로 핵심개념을 요약한 후, 공통된 핵심개념을 범주화하는 작업을 하였다. 이후 연구팀이 교차분석을 통해 일치하는 부분과 그렇지 않은 부분에 대해 합의하는 과정을 거쳐 최종 영역 및 하위범주를 도출하였다.

4. 연구결과

남성 육아휴직자의 경험에 대해 14명의 연구 참여자에 대한 심층 면접을 합의적 질적 연구 방법에 따라 분석한 결과 〈표 4〉와 같이 '육아휴직

표 4 영역, 범주, 빈도

영역	범주	빈도
육아휴직 사용 이유	배우자 복직에 따른 돌봄 전담자 필요	전형적
	심화된 부부 갈등의 해결책	변동적
	직장으로부터의 합법적인 도피	변동적
육아휴직 동안의 정서	힘듦	일반적
	외로움 · 고립감	변동적
	부담감 · 죄책감	변동적
	행복감	일반적
아내와의 관계	아내에 대한 이해	일반적
	부부 유대감 상승	전형적
	부모 역할을 함께 하는 팀	전형적
자녀와의 관계	의지할 수 있는 아빠	변동적
	아이의 고유성 이해	전형적
복직 후 직장생활	복직 후 적응 수월	전형적
	돌봄에 대한 태도 변화	일반적

주: 일반적=13~14사례 , 전형적=7~12사례, 변동적=2~6사례에서 나타나는 경우를 칭함. 다만, 복직 후 직장생활에 관한 분석은 10명의 복직자만을 대상으로 하였기에 이 영역에서는 일반적=9~10사례, 전형적=5~8사례, 변동적=2~4사례에서 나타나는 경우를 칭함.

사용의 이유', '육아휴직 동안의 정서', '아내와의 관계', '자녀와의 관계', '복직 후의 생활'이라는 다섯 가지 영역에 대해 총 14가지의 핵심개념이 도출되었다.

1) 육아휴직 사용의 이유

연구에 참여한 14명의 남성 육아휴직자에 대한 인터뷰 결과, 가장 전형적으로 육아휴직을 결정하게 된 이유로는 맞벌이 가족으로서 출산, 육아휴직을 마친 아내가 복직하는 시점에 아이를 전적으로 양육할 사람이 필요했던 경우이었다. 대체로 엄마가 출산 휴가 3개월과 육아휴직 1년을 사용한 후 직장으로 복귀하는 시점에 아빠가 육아휴직을 결정하는 경우가 전형적이었다. 2016년 이후에 강화된 육아휴직 특례제도인 '아빠의 달'을 활용할 계획으로 육아휴직을 선택한 경우이다.

> "어차피 와이프는 (육아휴직을) 1년 다 썼기 때문에 무조건 복직을 해야 했고요. 근데 뭐 저희 부모님이나 장모님이나 이렇게 아이를 온전히 볼 수 있는... 그런 상황이 아니었기 때문에... 이 시기에는 부모가 봐줘야 되는 게 아닌가 하는 부부 간의 합의 하에 제가 결심을 했고 휴직을 하게 된 거죠." (A, 프로그래머, 10개월 휴직)

> "현 정부에서 같은 자녀에 대해서 붙여서 쓰면 첫 석달 150만원 준다고 해가지고요...그러니까 처음 3개월은 아내가 출산휴가가 있잖아요. 그거에 이어가지고 이제 육아휴직을 하게 되는데, 그 육아휴직이 종료됨과 동시에 제가 육아휴직을 썼죠." (C, 건설부서 대리,1년 휴직)

> "배우자의 복직. 육아휴직이 끝나던 시점이었구요. 그러다 보니 아이를 어떻게 할 것이냐, 사람을 쓸 것이냐, 멀리 계시지만 부모님의 도움을 받을 것인지 고민을 하다가... 요새 뉴스나 이런 데서도 (안 좋게 나오니) 남의 손에 맡기는 거는 부담이 됐구요, 부모님은 저희가 느끼기로는 연세도 있으시고... (아내의) 친정엄마는 돌아가셔 안 계신 상황이라 조금 더 힘들었던 것이 있구요. (그래서 내가) '몇 달만 쓰자.' 이렇게 된 거죠." (D, 금융사 차장,3개월째 휴직 중)

전형적이지는 않았으나 직장 생활에서 어려움이 있었던 경우, 직장 내 갈등상황으로부터 합법적인 회피방식으로 육아휴직 사용을 하는 경우도 네 사례가 있어 변동적인 육아휴직 이유가 됨을 알 수 있었다. 연구 참여자들도 아이를 키우는 데에만 필요해서 휴직을 했던 것은 아니었기 때문에 '복합적'이라든지 '겸사겸사'와 같은 표현으로 자신의 선택을 설명하였다.

> "이제 승진도 좀 기다려라 기다려라 하면서 안 되고 이제 다른 사람 챙겨주고 그러니까 아 뭐가 내가 뭐 굳이 여기 뭐... 승진에도 미련 없다. 뭐 이미 늦은 거.' 그러고 나서 (육아휴직 을) 했죠. (B, 카드사 과장, 4개월 휴직)

> "이제 여러 가지 복잡해서 싫고 회사도 마음에 안 들고 이런저런 상황에 엄마도 다리도 아프다고 하시고 하니까 겸사겸사 시작을 했던 거였죠." (E, 중견기업 과장, 1년 휴직)

> "복합적인데 일단은 먼저 쓴 직장인 동료가 추천도 해줬고, 좋은 얘기를 많이 해 줬고. 또 두 번째는 십년 동안 저도 모르게 업무에 쌓인 게 너무 힘들어서 솔직히 말하면 좀 도피하고 싶은 것도 있었고요. 또 결정적인 이유는 (아이를 돌봐주시던) 부모님이 건강이 갑자기 급격히 안 좋아지는 게 느껴져서. 더 안 좋아지기 전에 해야겠다 생각을 했죠." (M, 건설사 대리, 10개월 휴직)

> "아침에 출근하고 그날 월요일인가 그랬을 거예요. 아침에 회의하면서 막 깨지고 이렇게 하다보니까 '하 도저히 안 되겠다' 쉬었으면 좋겠다는 생각을 계속 가지고 있었던 거죠. 뭐 그냥 탁 질렀죠." (N, 유통업 바이어, 10개월 휴직)

2016년도 이후에 육아휴직을 사용한 본 연구의 참여자들에게 있어서는 직장으로부터의 도피나 이직이 일반적 혹은 전형적인 이유는 아니었다. 그러나 이전의 남성 육아휴직자는 실제 부서 변경이나 이직을 목적으로 육아휴직을 선택한 경우도 적지 않았던 것 같다. 연구 참여자들은 자신이 육아휴직을 한다고 할 때 주변 반응을 보면, 명목상 아이를 돌본다는 것이고 직장생활에서 벗어나기 위한 수단으로 육아휴직을 한다고 생각하고 있었다고 했다.

"남편이 만일 육아휴직을 하게 되면 저처럼 온전히 애를 다 보는 케이스는 별로 없거든요. 보통 그런 경우에 남편은 이직 준비를 한다든지 취업 준비를 한다든지 여러 가지 이유로 다 하더라고요. 저는 이제 맞벌이고 아내가 온전히 정규직으로 출근을 하는 상황인건데." (C, 건설부서 대리, 1년 휴직)

"쉬는 동안, 애 보는 동안 뭐했냐. 혹시 뭐 취미 활동이나 이런 것 하는 게 있었냐. (이런 질문을 주로 받았죠) 굉장히 답답했죠." (J, 중소기업 컨설턴트, 13개월 휴직)

"그냥 진짜 휴직 때문에 쓰시는 건지 다른 일 하시려고, 다른 목적으로 쓰시는 분들도 있으신 것 같고. 저 진짜 완전히 애를 보려고 쓰시는 사람들은 그렇게 많지는 않은 것 같아요." (H, 대기업 프로그래머, 7개월째 휴직중)

연구 참여자 중 몇몇은 육아휴직을 사용하게 된 이유로 아내의 육아스트레스로 인해 부부갈등이 심각했기 때문이라고 하였다. 이 경우 남편은 부부갈등의 가장 큰 문제의 근원을 육아스트레스라고 보고 심화된 갈등을 해결할 수 있는 유일한 방법으로 본인이 육아를 담당하는 방법밖에 없다고 판단하였다. 이혼을 하는 것이 차라리 낫겠다고 할 만큼 육아가 힘들거나 자녀 돌보기를 도와주시는 시어머니와 고부갈등을 겪는 등, 심각한 가정불화 속에서 무언가 변화를 꾀하지 않고서는 안 된다는 절박함 속에서 육아휴직을 신청하는 경우이었다.

"와이프가 너무 힘들어해가지고 이럴 거면 차라리 이혼하자 그런 말도 나와가지고 저도 이제 업무강도가 세서 스트레스를 받고 있던 상황이고 그냥 퇴사하는 마음으로 육아휴직을 빨리 신청을 하자라고 생각을 해가지고" (J, 중소기업 컨설턴트, 13개월 휴직)

"(육아휴직을) 안 쓰면 안 된다는 상황이라고 제가 파악을 했기 때문에. [연구자: 그 상황을 조금 설명해주실 수 있으세요?] 그러니까 아무래도 좀 와이프는 시어머니랑 같이 있다 보니까 아무리 도와준다고 하더라도 그 상황 자체가 되게 힘들 수 있잖아요. 그리고 어머니가 해준다 하더라도 사실상 모든 걸 와이프가 혼자 챙겨야 하잖아요, 한참 어린 애들을...(가족이) 전부 다 어머니나 와이프가 좀 쉬어야겠구나. 아이들도 좀 힘들어하고." (L, 건설사과장, 6개월 휴직)

지금까지 살펴 본 바와 연구 참여자들이 육아휴직을 결정하게 된 이유는 선행연구에서와 마찬가지로(김연진, 김수영, 2015; 김진욱, 권진, 2015) 아내가 복직을 해야 하는 시기에 어린 자녀를 전적으로 돌볼 사람이 필요한 것이 전형적 이유이었다. 또한 김진욱과 권진(2015)의 연구에서 나타났듯이 육아에 지쳐 우울증을 보이는 아내로 인해 육아휴직을 선택하는 경우도 있었다. 다만 선행연구에서는 두드러지게 나타나지 않았던 두 가지 특징이 있다. 첫째, '아빠의 달'의 활용하여 육아휴직을 시작하는 경우가 많음이 드러났다. 남성의 육아휴직 시점이 아이가 생후 15개월인 때가 많았는데, 이는 아내가 출산휴가 3개월과 육아휴직 1년을 모두 쓰고 회사에 복귀해야 하는 시점이다. 선행연구에서 드러나지 않았던 또 하나의 특성은 육아휴직을 선택한 남성 자신이 직장으로부터의 도피를 목적이 있었음을 밝힌 것이다. 기존의 연구에서 자발적 남성 육아휴직자의 경우 이러한 의도는 거의 드러나지 않았는데, 본 연구에서는 전형적이지는 않아도 상황에 따라 충분히 발생할 수 있음이 나타났다.

2) 육아휴직 동안의 정서

육아휴직 경험에 대한 지배적인 내용으로는 체력적으로, 정서적으로 '힘들다'라는 것이 일반적이었다. 특히 조부모나 외부의 도움이 없이 처음으로 육아를 경험한 연구 참여자들은 신체적으로 힘들다는 것을 강하게 호소하였다. 새벽잠 부족 등으로 인해 육아 경험은 그저 '힘듦'이었다고 요약하고 싶어 했다. 아이를 돌보는 것이므로 직장 생활보다는 훨씬 수월하리라고 막연히 생각했던 것과 달리 직장 생활이 오히려 더 편하다고 하였다.

"우선 기본적으로 육아 자체가 너무 힘들었고요. 그냥 눈을 뗄 수 없는 그 상황, 그리고 계속 밥을 해먹이고 이런 것들을 제가 그냥 고스란히 다 해봤기 때문에 너무 힘들었어요... 저는 진짜로 육아휴직을 하려고 하는 사람들한테도 조언을 하고 있어요. 회사가 편할 거라고." (A, 프로그래머, 10개월 휴직)

"육아가 쉬운 일은 아니죠... 체력적으로나 정신적으로나... 하루 종일 짬도 안 나고. 기껏 해봐야 짬나는 시간이 아이 낮잠 자는 시간 한두 시간 정도? 그럼 그때 저도 자죠, 피곤해서." (F, 공기업, 1개월째 휴직 중)

"힘든 것 중에 하나가, 뭐 안 해 봤던 것들을 하게 되는 거죠. 원래는 애들 깨워서 준비시켜서 보내는 것들을 하진 않았어서 그런 것들이 좀 많이 힘들더라고요. 제일 힘든 게 아침에 애들 밥 먹여서 보내는 거? 그게 제일 힘들어요. 그러니까 시간은 정해져 있거든요. 9시 30분 이때까지는 보내야 하는데 애들이 말 안 듣고 이러니까. 밥도 빨리 먹여야 되는데 밥을 안 먹고 밍기적 밍기적거리고 있으면 속 터지고 막 이래요… 둘 다 씻겨서 보내고 이래야 되는데 시간도 별로 없는데 자꾸 말도 안 듣고 이러면… 그게 제일 힘들어요. 혼자 바쁜 거.” (H, 대기업 프로그래머, 7개월째 휴직중)

“육아휴직 처음 기간에는 애기 보는 게 진짜 너무 힘들구나. 너무 힘들구나. 회사보다 더 힘들다. 두 번째는 이제 부모님이 봐주실 때는 집안일에 어려움을 못 느꼈는데 애기를 보면서 집안일 하는 게 너무 힘들었던 거 같아요.” (M, 건설사 대리, 10개월 휴직)

새벽에도 잠을 못자거나, 전력질주를 하듯 숨 가쁘게 지나가는 아침시간, 그리고 조금 쉬었다가 금방 돌아오는 일상과 일들로 인해 육아가 육체적으로 많이 힘들고 체력소모가 큰 일이라는 것을 알게 되었다. 그런데 육아는 육체적으로만 힘든 것이 아니라 정신적으로도 많이 힘든 일이었다. 이렇게 힘들다고 느낀 이유는 어른들끼리 주고받는 합리적인 의사소통 방식에 익숙하던 아빠들에게 있었다. 말로 충분한 설명을 하지 못하는 아이와 불완전한 소통을 하는 것이 아빠들은 힘들었다. 아빠들은 자신의 능력이나 상황에 따라 계획을 세우고 이에 맞춰 나가는 통제 가능한 성인들의 세상에서만 살다가 불예측성으로 가득한 아이들의 세계에 처음으로 들어서서 좌절감을 느끼곤 했다. 아이가 보내는 모호하고 예측 불가능한 신호들에 대해 계속 반응해야 했다. 그러한 신호들은 정해진 시간도 기한도 없이 24시간 대기 상태에서 기민하게 반응하도록 요구되었다. 이 과정에서 성공적으로 일을 수행하지 못하는 상황이 반복되면 좌절감을 느끼기도 했다.

“잠깐 보면 좀 참을 수 있어요. 잠깐이거든요. 잠깐이면, ‘아, 그래. 이제 좀 있으면 애들 자는데’, ‘이거만 참으면 내 개인 시간이 생기잖아.’ 이렇게 좀 정신승리로 할 수 있는데 24시간을 보면 이제 그런 게 안 되는 거죠. 그냥 아 너무 스트레스 받는데, ‘아, 내 시간 갖고 싶어’ 하지만 현실은 결국엔 내 옆에 애가 있어. 이런 것들이 이제 스트레스로 오면서 확실히 다른 거 같아요, 그거는. 그냥 (직장생활하면서 아이를 돌보던 것과) 실제로 육체적으로 힘든 거는 똑같을 수 있지만 정신적으로 다가오는 스트레스는 전혀 다른 거 같아요.” (A, 프로그래머, 10개월 휴직)

“이게 적응이 안 되더라고요. 애는 말을 못해요. (웃음) 말을 못하는 애랑 24시간 동안 붙어있으니까. 그게 제일 힘들더라고요. 말이 안 통하는 것도 그렇고 일단은 뭐… ‘인간이 사회적 동물이구나!’라는 생각을 그때 했죠. (웃음) 말 할 대상이 없다는 게…(제일 힘들구나)” (C, 건설부서 대리, 1년 휴직)

“뭐 너무 힘들더라고요. 그니까 제일 힘든 게 항상 지금까지 살아오면서 뭔가 내가 통제하고 컨트롤하고 그렇게 상황을 다 내 손맛에 맞게 이렇게 조절해가면서 살아왔는데 이거는 하나부터 열까지 내 마음대로 되는 게 하나도 없는 거예요. 그거를 인내하고 받아들이기가 너무 힘들더라고요…. 그게 되게 어렵더라고요. 애는 내 마음대로 할 수 있는 게 없으니까. 그리고 하다못해 왜 그러는지라도 알아야 이렇게 “아 쟤가 이래서 이런 거구나. 알았어, 내가 이해해주지.”가 되는데 그것부터가 안 되는 거잖아요. “쟤가 왜 저러지? 도저히 이해가 안 되는데? 언제까지 이래야 되지? 아직 10시밖에 안 됐는데.” 뭐 이런..(웃음) 계속 와이프 퇴근하고 오는 시간만 기다리고.” (K, 금융사 과장, 8개월째 휴직 중)

보통의 어른들처럼 소통을 할 대상이 없는 상황은 외로움을 넘어 고립감까지 느끼는 경우도 종종 드러났다. 아이와의 소통의 어려움에서 느껴지는 외로움이 고립감까지 가게 된 경우는 비슷한 상황에 처한 사람들끼리의 상호작용조차 없었던 경우이다. 즉, 아이와의 관계에서 외로움을 느끼는데 이러한 외로움을 나누고 함께 할 지지 집단에 들어가지 못함으로써 발생하였다. 부모(엄마) 커뮤니티에 아빠이기 때문에 들어가지 못함으로써 혹은 안함으로써 육아휴직을 하는 아빠들은 기존의 직장 관계망에서는 소외되고 새로운 관계망에는 진입하지 못한 채 취약하고 고립된 상황에 처하곤 하였다.

"여자분들은 같은 육아를 하는 친구분들이 생기고 이런 식의 뭔가 동료들이 생기는데 저는 그런 거를 좀 기대하고 육아휴직을 했지만, 뭔가 남자이기 때문에 같이 육아를 하는 여성분들과 친해질 수 있는 게 아니었고요. 실제로 그거를 기대하고 뭔가 백화점 문화 센터라든지 도서관 그런 활동들을 체험했지만 그게 쉽게 안 되더라고요." (A, 프로그래머,10개월 휴직)

"와이프한테도 그랬거든요. "너는 누구도 있고 누구 집에 애기 데리고 놀러가고 놀러오고 그러면서 보낼 수 있는 시간도 있지 않냐. 나는 없다. 너무 힘들다." (K, 금융사 과장, 8개월째 휴직 중)

"그래서 이제 아내한테 한 이야기가 넌 조리원 동기가 있는데 난 없다!" (C, 건설부서대리, 1년 휴직)

이렇게 외로움을 느끼고, 고립감을 느끼는 데에 있어서는 직접적으로 아이를 돌보는 사람은 모두 엄마라는 선입견에서 비롯된 부분이 있다. 부모는 곧 엄마라는 등식이 존재하는 사회분위기로 인한 것이다. 이러한 사회 분위기 속에서 육아를 담당하는 아빠들은 부모 역할을 하면서 주변인 혹은 소수자로서의 경험을 하였다.

> "제가 막상 아이를 보면서 어디를 가잖아요? 큰 몰이나 어떤 과학관 이런 데를 가면 수유실이 있어요, 항상. 그런데 남자들이 애들을 데리고 들어가서 뭔가를 할 수 있는 공간이 거의 없어요. 유아 휴게실도 어디든 대부분 여자들만 들어가도록 하는 데가 많더라고요. 수유실하고 붙어있어서... 이미 수유실을 대행해서 써놓으니까 남자가 들어가기 어려운거죠, 유아 휴게실을. 이 어린 아이를 데리고 내가 특정한 장소에 갔는데 갈 곳이라고는 밖에 벤치에서 밥을 먹이거나 또 기저귀를 갈려면 화장실을 가야하는." (L, 건설사 과장, 6개월휴직)

> "주위에 이렇게 휴직을 써서 어렸을 때 아이를 보는 사람이 없어요, 제 주위에는. 그리고 뭐 맘카페 이런 게 뭐, 아빠카페 이런 게 없잖아요? 파더카페 이런 게 없으니까. 그런 게 없더라고요, 찾아보니까" (F, 공기업, 1개월째 휴직 중)

> "(아이 친구들 엄마들과 교류하는 게) 좀 쉽지는 않죠. 아빠가 (다른) 엄마들이랑. 한 번은 해 봤는데, 배우는 게 있어서 학원 같은 데 갔다가 뭐 또 키즈카페 간다 그래서 따라 한번 간 적은 있는데...(다른 집 엄마들과) 얘기도 뭐 해 봤는데 서로 불편하니까 (피하게)..." (H, 대기업 프로그래머, 7개월째 휴직중)

육아휴직을 했던 아빠 참여자 중에서는 아이를 전적으로 키우면서 느낀 부담감과 죄책감을 토로하는 경우도 있었다. 막상 아이를 주로 키우다 보니 하루가 다르게 크는 아이를 보며, 지금이 매우 중요한 시기라고 느끼게 되고 동시에 이는 부담감으로도 작용하였다. 중요한 시기를 자신이 망치면 어쩌나 싶고, 자신의 시간이 아이에게 집중되었던 만큼 아이의 발달이나 성취에 대한 책임감도 컸다. 또한 자신이 아이에게 충분하게 해주지 못하는 것에 대한 죄책감을 느끼기도 했다.

> "이게 부모가 되니까 안 해주면 죄책감이 들더라구요. 밥을 뭔가 똑같은 걸 먹인다든가 그러면 뭔가 죄책감이 들어서 힘들지만 뭘 계속 해주고, 안 놀아주면 애가 정서적으로 뭔가 이상해지는 건 아닐까 하는 걱정에 뭔가 더 해주게 되고, 그러면서 더 스트레스는 받아가고... 정답도 없고 1년 동안에 엄마가 잘 해서 키워 놓은 거를 내가 바통을 받았는데 혹시 내가 잘못하면 큰일 나는 거잖아요. 그리고 부담감도 있었고." (A, 프로그래머, 10개월 휴직)

> "뭔가 인제 좀 아이한테 뭘 해줘야 될까? 교육이라든가, 발달사항이나 이런 부분에 신경이 쓰이고, 이제 그렇게 되는 것 같구요. 또 안하던 음식도 만들어야 되고 이런 부분들에 있어서 부담감이 좀 있어요." (D, 금융사 차장, 3개월째 휴직 중)

육아휴직을 경험한 아빠들은 가장 일반적이고 지배적인 정서로 '행복감'에 대해 이야기했다. 행복감을 느낄 수 있었던 데에는 '여유'가 매우 큰 역할을 한다. 그래서 회사 일에 지쳐있을 때에는 알지 못했던, 아이와 함께 하면서 생기는 행복한 감정을 비로소 느끼게 되었다고 하였다. 전적으로 육아를 담당하느라 앞서 서술한 바와 같이 외로움, 고립감, 부담감과 죄책감 같은 부정적인 정서를 느낀 연구 참여자들조차도 아이를 키우면서 느낀 행복감에 대해서는 공통적으로 표현하였다. 아이를 키우는 동안에 느낀 정서는 단 하나일 수 없었고, 외로움이나 부담감 속에서도 행복감을 통해 정서적 보상을 느끼고 있었다.

"애기 어릴 때 같이 있는 것이 되게 행복한 거구나! 느낀 게 저는 제일 좋은 거 같아요. 같이 있는 게 되게 행복한 거구나! 휴직 전에는 지쳐있으니까 (애기가) 실수하면 애기한테 저도 모르게 짜증을 내더라고요. 그런데 지금 휴직 쓰고 복직했는데도 바뀐 게... 애기를 보고 있으면 애기가 뭔가 실수를 했는데 너무 예뻐보이더라고요, 그 실수가. 그랬을 때 행복함을 느꼈던 거 같아요... 영화나 광고에 보면 애기가 뭔가 막 색연필로 난장판 해놓으면 행복하게 보는 거는 영화라서 그런 거다 생각했었는데 (내가) 그런 걸 느낀 거? 물론 전혀 짜증을 안내는 건 아니었는데. 그런 걸... 못 느껴봤던 감정을 느꼈던 게..." (M, 건설사 대리, 10개월 휴직)

"(사람들이) 항상 물어보죠. 애 키우기 힘들지 않냐 다 고생인데... 그런 (육아휴직) 시간 후회되지 않냐 물어보거든요. 근데 뭐... '애 키우는 것 힘들지만 재밌어요'라고 하면 절대 이해를 못하는 거죠. 그런 부분에 대해서 왜 이게 재밌는 부분들인 것인지... 아무리 아이가 예쁘지 않더라도 내 애는 예쁠 수 있는... 확실히 그런 부분들이 있는 것 같거든요. 애들을 좋아하는 편은 아닌 거 같은데 내 애들이라고 했을 때 확실히 뭔가...다른 것처럼 그런 부분들이 있는데 (다른 사람들은) 모르는 거죠." (J, 중소기업 컨설턴트, 13개월 휴직)

"아이한테 부모들이 줄 수 있는 게 있지만, 아이를 보면서 부모가 행복을 느끼는 것도 있잖아요. 그런 것도 많이 느끼고 싶었어요... (아이가) 조금씩 말도 좀 늘어나고 행동 발달이 계속 되니까 그런 걸 조금씩 조금씩 보면서 느껴지는 행복감. 그런 게 많으니까 그것도 되게 좋더라고요." (F, 공기업, 1개월째 휴직 중)

육아휴직을 통해 연구 참여자들은 돌봄 노동이 자연스러운 모성의 발현이거나 아이와 즐거운 시간을 보내기만 하는 종류의 것이 아니라 체력적으로 정신적으로 지극히 힘들고 어려운 일임을 알았다. 선행연구에서는 아빠들이 육아가 얼마나 힘든지 몸소 깨달으면서 이분법적 성별분업에 대한 통합과 해체의 가능성이 있고(김연진, 김수영, 2015) 아이를 키우는 것이 체력을 많이 요구하는 일이므로 새로운 남성성의 변화 가능성을 보여준다(조윤경, 민웅기, 2012)고 하였다. 이와 함께 본 연구에서는 아이를 돌보는 데에는 물리적, 신체적 어려움뿐만 아니라 외로움과 고립감과 같은 정서적 어려움도 드러났다. 특히 육아를 홀로 담당할 때 소위 '독박육아'라고 하여 그 정서적 부담감과 외로움이 크다는 것을 보여주었다. 엄마들만이 느끼는 외로움이나 힘듦인 것이 아니라 남편이 온전히 느끼고 공감할 수 있는 경험이 된 것이다. 또한 남성들은 주변에 네트워크가 없는 경우 더 고립감을 느끼기도 하였다. 이는 친구나 동료와 어울렸던 인간관계가 축소되면서 고립감을 느끼고 여성의 전유물이라고만 여겨졌던 육아우울증을 아빠들도 경험하게 된다는 선행연구의 결과와도 일치한다(김연진, 김수영, 2015). 양육을 담당하는 역할을 하는 다른 엄마들에게는 투명인간 취급을 받고 네트워크가 부족함을 경험했다는 선행연구와도 일치하는 결과이다(김진욱, 권진, 2015). 반면, 돌봄의 시간이 외롭고, 고립되고, 부담을 느끼는 시간만이 아니라 동시에 함께 웃고 온전히 행복함을 느끼는 시간이라는 것도 확인할 수 있었다.

3) 아내와의 관계

아내와의 관계에서는 아빠들의 육아휴직 경험으로 인해 아내를 이해하게 되었다는 점이 일반적인 변화이었다. 아빠육아휴직을 경험한 모든 참여자는 육아에 있어서 후발 주자와 같은 위치이었다. 아이가 하나이든 둘 이상이든 아이를 돌보는 일을 주로 담당하는 사람이 아내이거나 조부모이었고, 아빠로서 아이를 돌보는 '업무'에 실질적으로 투입되는 것은 처음이었던 것이다. 특히 아이가 하나인 경우 이러한 모습은 두드러졌다. 소위 '부모됨 전이기'를 거치면서 부모라는 역할을 부여받고 새로운 정체감을 형성하는 시기를 맞이한다. 아이의 탄생과 함께 엄마와 아빠가 동시에 부모가 되지만 엄마 아빠의 경험치에는 크게 차이가 났다. 임신기와 출산휴가, 육아휴직 기간 동안 아이와 아주 가까운 곳에서 친밀한 상호작용을 해온 아내는 적어도 2년 남짓을 '엄마'로서의 정체성을 형성하고 엄마로서의 일상을 보냈다. 이에 반하여 남편은 아내가 아이를 임신하고 낳고 키우는 기간 동안 아내가 '지시를 내리는 일'(사례 F)을 수행하는 '조수의 역할'(사례 K)을 했다. 육아휴직을 통해 아내가 지나간 부모의 길을 1~2년이 지나서야 홀로 걷다보니, 아내가 겪었던 고단함과 어려움을 비로소 구체적으로 이해하게 되었다.

저는 휴직을 해본 적이 없는데, 와이프는 첫째도 휴직해서 집에서 애들 봤었을 거고, 둘째도 휴직하면서 애들 봤었는데... 어떤 일인지 잘 몰랐거든요. 집에 있는 게 마냥 '집에 있으면 자고 뭐 쉬고 편히게 있으면 되지 왜.' 근데 '아, 이게 편히 있는 게 편히 있는 게 아니구나!' 맨날 힘들다고 했는데 제가 그냥 말로는 "힘들지?" 이러긴 했는데 (웃음) 진심으로 '아! 이게 진짜 힘들구나.'했죠." (H, 대기업 프로그래머, 7개월째 휴직중)

"나는 절대 와이프가 퇴근했을 때 그런 (집이 지저분한) 모습을 보이지 말아야지라고 아무리 생각하고. 직전에 애들 오기 전까지 아무리 깨끗하게 해놔도 애들이 들어온 그 순간부터 한 시간 만에 바로 엉망이 되어버리니까. (아내가) 시간적으로 엄청난 시간을 집에서 보내는데 집에 들어왔을 때 빨래 안 개어 있거나 뭐 집 청소가 안 되어 있거나 밥이 안 되어 있거나 하면은 당최 이해가 안됐던 거죠. (그 땐) 겪어보지 않았으니까." (J, 중소기업 컨설턴트, 13개월 휴직)

"육아휴직을 하면서 아... 와이프도 직장 생활을 하는데 되게 힘들겠다는 생각을 되게 많이 했어요. 그 전까지는 와이프는 (직장일을) 그렇게 늦게까지 하지 않고 일찍 퇴근하고 하니까 일이 편하겠구나만 생각했다가.. 육아휴직하면서 (보니) 와이프가 퇴근해서 오면 애들이 엄마만 쫓아다녔기 때문에 옷도 못 벗고, 씻지도 못 하고, 밥도 뭐 거의 먹는 둥 마는 둥 하고, 애들 봐주고 하는 거 보면서 '아 힘들겠구나'라는 생각을 했죠." (E, 중견기업 과장,1년 휴직)

아내에 대한 이해가 높아지니 아내와의 유대감도 같이 높아졌다. 아내가 육아를 하면서 겪은 어려움과 고단함을 남편이 이해하게 되자, 이해를 받기 시작한 아내는 그것만으로도 충분히 위로받고 지지받는 느낌에 만족감을 표시하였다. 그리고 실질적으로 육아의 부담에서 벗어난 아내는 밝아지고 직장에서 다시 집으로 출근하는 느낌이 아니라 진정한 퇴근이 가능하게 되었다고 느끼게 되었다. 아내의 일상생활에 대한 만족도가 높아진 만큼 부부 간의 사이가 더 좋아졌다는 언급도 있었다. 또한 남성이 육아휴직을 하는 경우를 주변에서 쉽게 찾을 수 없던 상황에 짧지 않은 기간 동안 육아를 담당하겠다고 결심한 남편에 대해 아내의 입장에서는 고마운 마음을 가졌다. 이러한 고마운 마음과 생활에서의 만족을 통해 부부 간의 유대는 커져갔다.

"서로 이제 고충이라는 것에 대해서 모르는 영역이 없다는 거에 대해 되게 좋아하더라고요. 이게 내가 다 해주고 안 해주고 그런 것을 떠나서 어떤 거라는 걸 서로 안다는 것에 대해서 그걸로 되게 위로가 많이 되는 것 같더라고요." (C, 건설부서 대리, 1년 휴직)

"(아내가) 짜증이 없어졌죠. 표정이 되게 좋아졌어요. 밝아지고. 그니까 남편인 사람이 (애들을) 좀 챙겨주니까 스스로 챙길 부담감? 이런 것도 줄고 자기가 깜빡하더라도 해주니까! 이제 어느 정도 다 잘 챙겨주니까. 부부관계가 되게 좋아진 것 같아요. 웃으면서 대화하고 이전에도 나빴던 건 아닌데 더 좋아진 것 같아요." (L, 건설사 과장, 6개월 휴직)

"퇴근해서도 (아내가) 계속 일을 하고 있다라고 느꼈던 거 같아요. 그리고 되게 본인이 프로답게 일도 하고 싶고 뭔가 그런 자기의 일에 집중하고 싶은데 어느 순간 이제 돌아보면... 자기보다는 애기에 자꾸 치우치니까... 휴직하고 나서는 아내한테 주말에 어디 놀러갔다 오라고도 하고 애기도 봐주고(하니까) 사이가 많이 좋아진 것 같아요. 지날수록." (M, 건설사 대리, 10개월 휴직)

"좀 고마움을 많이 표현하더라고요. 그 10개월이라는 게 솔직히 짧지 않은 시간인데... 10개월 정도 육아휴직을 한 분들이 많지 않아가지고, 그런 거에 있어서 좀 와이프가 고마움을 많이 생각하고." (A, 프로그래머, 10개월 휴직)

아내가 고마워하고 만족하는 데에서 끝나는 것이 아니라 연구 참여자의 육아휴직 경험은 복직 이후에도 아이를 키우는 데에 있어서 하나의 팀으로서 함께 고민을 나누고 의견을 나누는 동료 의식으로 나타났다. 이러한 것이 가능한 데에는 일차적으로 남편이 육아휴직을 통해 아이를 함께 키우는 사람으로서 자격을 갖춘 사람이라는 아내의 '인정'이 있었고 이에 따른 '존중'이 있었다. 또한 이러한 아내의 인정과 존중은 아빠와 자녀 간의 고유한 관계가 형성되고, 자녀가 아빠와의 교류를 통해 성장하는 모습을 확인하면서 신뢰는 커져갔다. 엄마가 혼자서 아이를 키우고 책임져야 한다는 부담감에서 벗어나, 아이가 아빠와의 상호작용을 통해 성장하는 모습을 보는 것은 아내의 만족도에 큰 영향을 미쳤고, 남편에 대한 신뢰나 존중으로 나아가 다시금 부부 간의 유대를 강화하는 데에 영향을 미쳤다.

"제가 이제 애들을 돌보고 애들에 대해서 좀 더 많이 알죠. 옛날에는 이제 말로 요청을 했어도 그렇게 와 닿지 않았고 그래서 하지도 않았고... 그러다가 (육아휴직을) 하면서 직접 뭔가 밥도 해서 애들 차려다 주고 (하니까). 와이프가 예전에는 어디 나가려면 애들 놓고 나가려면 되게 불안해하고 애들 밥 다 차려주고 반찬 꺼내놓고 '먹어!' 해야 했었는데 이제는 그냥 훅 나갈 수 있고." (E, 중견기업 과장, 1년 휴직)

"제가 육아휴직하기 전에는 제가 신경을 덜 썼다고 했잖아요. 그니까 (아내는) 못 미더운 거예요. 똑같은 말을 (계속) 해요. 약간 못미더운 거예요. 해본 적이 별로 없으니까. 근데 6개월 쭉 하는 것 보니까 어느 정도는 안심이 되는 거 같아요." (L, 건설사 과장, 6개월 휴직)

"이제 '해봤으니까 잘 알잖아.' 이런 게 좀 공유가 되는 거죠. [연구자: 육아휴직 돌아오고 나서도 계속 유지가 된 건가요?] 그렇죠. 존중을 해주는 거죠. 경험자로서의 존중? 뭔가 무시가 아니라, '니가 뭘 알아.' 무시가 아니라 너도 결국 해봤으니까 서로 이제 뭔가 같은 레벨에서 대화가 되고 존중을 해주는 거죠." (A, 프로그래머, 10개월 휴직)

"와이프도 (나랑 아이랑 같이 하는 활동을 보면서) 자기가 몰랐던 아이의 한계를 뛰어넘는 모습들을 보고 했거든요… (운동은 싫어하고 못한다고 생각했던 아이가) 자전거도 같이 배우고, 수영도 같이 배우고, 아이가 그런 것들 보면서 어느 정도 (저에 대한) 신뢰가 와이프도 생긴 거 같아요." (I, 대기업 과장, 1년 휴직)

이렇게 육아휴직 경험을 통해 아내를 이해하고, 아내가 이 기간 동안 남편에 대한 고마움이 커지고, 남편의 역할과 판단, 참여에 대해 인정을 하고 존중해주는 과정을 통해 아내의 만족도와 부부 간의 유대가 커지는 것이 전형적인 모습이었다. 남편의 육아휴직 경험은 아내와의 유대감을 높이고 관계를 좋아지게 하는 것은 물론 부모라는 이름의 팀을 시작하는 의미를 가지고 있었다. 부부 간의 유대는 동지애를 통해 더욱 공고해질 수 있었다. 부모라는 역할을 함께 하는 팀으로서 살면서 부부는 단독으로 자신의 스케줄을 계획하는 것이 아니라 팀 단위로 계획을 세우고 상의해 가는 방식으로 패턴화되었다.

"서로 와이프랑 보완하는 관계가 돼야 되겠죠…. 스케줄이나 이런 것들… 어쨌든 개인의 사회생활도 있잖아요. 친구를 만난다거나 모임에 나간다든가 이런 부분에 있어서 갑자기 번개에 응하진 않다가 한번! 적어도 1주일 전에는 공유하고 그렇지 않은 것에 대해서는 웬만하면 (약속을) 자제를 하는 편이에요. 그런 식으로 맞춰가는 거죠." (D, 금융사 차장, 전체 6개월 계획 3개월차 휴직 중)

[연구자: 육아휴직 하시고 제일 많이 바뀐 게 뭐라고 생각하세요?] "네 일, 내 일이 없어진 거 두 가지가… (육아휴직 전에는) 저는 뭐 청소를 위주로 하고, 아내는 설거지를 위주로 하고 뭐 그런 식으로 하는 형태였다면, 육아휴직을 하고 나서는 덜 힘들어 보이는 사람이 알아서 해야 할 일을 하는 형태로. 그러니

까 이게 어떻게 표현을 해야 하냐면, 둘 중 누구도 못하는 일이 없게 되는 거죠." (C, 건설부서 대리, 1년 휴직)

연구 참여자들이 아내의 보조자의 역할로 육아와 가사 일을 하던 데에서 아내와 공동 양육자로서 대등하게 대화를 나누고 상의하는 모습은 육아휴직을 통해 부부관계가 변화한 모습이었다. 이는 남편도 아내와 동일하게 부모됨을 경험하고 자녀 돌봄이라는 역할을 수행해 보았기 때문이고, 문제가 되는 점을 같이 인지하고 해결하고자 하는 노력을 하고 있기 때문이기도 하다. 부모 역할이라는 것이 일을 나누어 한 사람이 전적으로 책임지는 것이 아니라 '함께 책임지는 것'이라는 인식으로 전환된 것이다. 이는 돌봄자로서의 정체성이 재구성되고(조윤경, 민웅기, 2012), 부부관계가 개선된다는 선행연구(김진욱, 권진, 2015)와도 일치하는 결과이다.

4) 자녀와의 관계

육아휴직을 한 연구 참여자들은 공통적으로 엄마만 혹은 엄마를 더 좋아하던 아이가 자기와 단 둘이 지내는 것도 괜찮아지고, 자기를 좋아하고, 자기에게 의지하기 시작하게 된 변화를 전형적으로 보였다. 영아기 자녀의 아빠가 참여자 중에서 많았던 만큼, 아이가 깊은 애착을 보이고 아빠를 의지하기 시작한 신호로 아이가 울 때 아빠를 찾기 시작했다든지, 잘 때 아빠를 찾기 시작했음을 들었다.

"(육아휴직을 하니까) 둘째가 주 양육자를 저로 인식을 하는 거죠. [연구자:

둘째가 나를 주 양육자로 인식하는구나는 어떻게 알게 되신 거예요?] 잘 때 저를 찾습니다! 자다 깨서 저를 찾고, 잘 때 저를 찾아요." (C, 건설부서 대리, 1년 휴직)

"놀아주고 이럴 때는 좋아하고 이런데, 사실 그때뿐이거든요. 서러울 땐 오히려 엄마를 찾는데 지금은, 뭐하다 깨서 울거나 이럴 때 저한테 매달리거나 그렇게 되는 거 같습니다. 예전에는 (아빠가) 나갈 때는 별로 관심이 없었거든요, 엄마가 있으니까. 근데 지금은 나가려고 옷을 입거나 그러면 반응하고 울려고 하거나, 이런 것들. 와서 붙들고 이런 것들. 그런 부분에 있어서는 저에게 조금 더 의지를 많이 한다고 느껴지고." (D, 금융사 차장, 3개월째 휴직 중)

"밀착관계라 해야 하나? 그 어떤 신뢰? 아이들이 저를 믿고 따르는 거는 이전보다는 훨씬 깊어진 것 같아요. 이전에는 이제 아이들이 슬픈 일 있거나 울거나 아프거나 하면 엄마만 찾았거든요. 거의. 한 열에 아홉은. 근데 이제는 반반." (L, 건설사 과장, 6개월 휴직)

"제가 이제 계속 아이를 돌보게 되니까, 어... 아이가 저를 많이 찾아요. 특히 울 때는 막 안기고... 그런 적이 없었어요... 그전에는 그렇게 저한테 와서 막 안기고 그런 게 없었거든요. 시간을 좀 보내고 나니까 이제 그러더라고요, 저한테." (F, 공기업, 1개월째 휴직 중)

이러한 변화가 가능한 것은 아이와 함께 보낸 '시간'이 확보되었기 때문이다. 많은 연구 참여자들은 육아휴직 기간 동안의 가장 값진 부분, 가장 핵심이라고 생각하는 부분을 아이와 만든 추억, 아이와의 시간, 아이와 온전하게 상호작용을 해본 경험이라고 입을 모았다.

"저는 아무래도 추억이라는 게 있어 가지고 아무래도 첫째를 바라보는 눈이 좀 더 따뜻하고 그래요. 그냥 저도 생각하면, 첫째랑 했던 시간들이 너무 행복하고, 지금 다시 과거를 추억하니까 행복하잖아요. 정말 내 손으로 키운 아이? 좀 뭔가 KS 마크같은 그런 도장이 찍혀 있는 느낌이어가지고 좀 더 정이 가고 그래요." (A, 프로그래머,10개월 휴직)

"애랑 관계도 좋은 것 같아요. 애랑 보면 말은 안 듣지만 예쁘거든요... 확실히 같이 있는 시간이 길면 길수록 정도 더 쌓이는 것 같아요." (H, 대기업 프로그래머, 7개월째 휴직중)

"공유할 수 있는 부분이 많아진 것 같아요. 예를 들어서 여러 가지 추억도 생겼고 우리만의 놀이들도 많이 생겼고. 그러니까 대화할 거리도 더 많고 그렇죠. 좀 더 이제 막 많은 것들을 공유해서 더 관계가 가까워지거나 단단해지거나 그런 느낌이 있죠." (I, 대기업 과장, 1년 휴직)

이렇게 아이와 함께 시간을 보낸 아빠는 책에서 배운 연령별 발달 특성이나 아내로부터 들은 이야기로만 아이를 이해하는 것이 아니다. 자기가 직접 보고 듣고 함께 한 활동 등이 더해져 아이에 대한 구체적 지식이 늘어나고 이는 아이를 입체적으로 이해할 수 있도록 하였다. 예를 들어 누구에게나 좋은 직업, 미래, 행복을 말하는 것이 아니라 나의 아이에게 필요한 조언을 해주고, 관심을 보일만 한 일을 해주면서 보다 '깊게' 이해하게 된 것이다. 이렇게 육아휴직을 통해 아빠들은 보다 입체적이며 깊이 있게 아이의 성향을 파악하고 아이의 고유성을 이해하는 경험을 하였다는 것이 일반적이었다.

“어린이집에 등원 하원 하면 다른 애들도 보고 어린이집 친구들도 초대해서 같이 놀면 아무래도 우리 애 개인적인 성향도 많이 느끼고... 몰랐던 거 알게 되고... 아무래도 와이프나 부모님들은 (아이에 대해) 늘상 좋은 얘기만 해가지고 그냥 그런가보다. 다른 애들도 그런가보다 했는데, 직접 아이를 보니까 아직 제가 모르는 것도 많지만 직접 보니까, 아, 우리 애는 다른 애에 비해서 어떤 성향이고 어떤 거 좋아하고.. 알게됐던 거 같아요.” (M, 건설사대리, 10개월 휴직)

“얘가 뭐를 잘하고 좋아하는지 더 자세히 알게 되었어요. 아까 말씀드린 것처럼 ‘손재주가 있구나’ 이런 건 조금 알았는데 굉장히 많이 있고, 이렇게 쓰는 거를 굉장히 좋아하는데 익히는 게 빠르네. 한번 익히면 잘 안 잊어먹고. 그리고 뭔가를 기억하는 게 되게 뛰어나네. 얘가 어떤 성향의 놀이를 좋아하네? 이런 것들.” (I, 대기업 과장, 1년 휴직)

“(예전에는 조언을 해주면서) 좀 추상적으로... 그러니까 맞춤형 조언이 불가능했죠. 다른 애들하고 비교해서 어떤 성격인지를 몰랐으니까. 단지 아주 추상적인 거죠. 이렇게 하는 게 좋을 것 같다. 옳은 것, 좋은 것? 아주 FM대로만 얘기하는 거죠. 그게 사실상 효과는 없는 것 같고. 저도 어렸을 때 그랬지만. 케이스별로 그냥 얘기해 주는 게 좋은 것 같아요. (육아휴직을 해서) 그렇게 말을 할 수 있게 된 게 저는 좋은 것 같아요.” (L, 건설사 과장, 6개월 휴직)

육아휴직을 통해 자녀와 함께하는 시간이 확보되면서 연구 참여자들은 아이를 좀 더 들여다보는 기회를 가졌고, 이는 아이를 고유한 특성이 있는 한 사람으로서 이해하는 데에 도움을 주었다. 강혜경(2013)의 연구에서처럼 어린 자녀를 돌보는 일은 세심한 관찰과 관심, 집중하고 반응하는 것이 필수적인 만큼 이러한 행동들을 통해 아빠들의 젠더감수성을 높이게 된다는 결과와 맥이 닿는다. 특히 아빠와 자녀가 엄마를 통해서만 연결된 것이 아니라 직접적인 관계의 끈을 많이 만든다는 것은 지속가능한 관계의 초석을 마련한다는 점에서 아빠들에게 육아휴직의 가장 큰 수확이고 기쁨으로 이해되고 있음이 드러났다.

5) 복직 후 직장 생활

육아휴직을 마치고 직장에 돌아간 참여자들은 직장 생활에 적응하는 것이 비교적 수월했다고 생각하는 경우가 전형적이었다. 대부분의 응답자가 직장 특성, 업무 특성, 복직 시스템에 따라 다를 것이라는 전제를 달았지만, 본인의 경우 어떠했는지를 물어봤을 때에는 대부분 큰 어려움은 없었다고 말하였다. 복귀 후 적응이 수월한 데에는 조직이 크고 인력이 많아서 육아휴직자의 공백이 있어도 큰 무리 없이 시스템이 작동하도록 비교적 자유롭게 휴직과 복직 과정이 안정화되어 있거나, 직무 특성 상 동일한 위치로 복귀하여 동일한 업무를 수행하였기 때문에 6개월 이상의 육아휴직을 했어도 복귀 후 적응에는 어려움이 없었다.

> "기본적으로는 원하는 팀을 갈 수 있게 되어 있어요. 보통은 원 소속으로 갈려고 하죠. 그게 어렵지 않아요. 원래 있던 데로 가는 게 사람이 많은 회사이니까 어렵지 않은 것 같아요. 사람이 적으면 내가 나온 동안 내 자리를 누가 메꿨을 거고 다실 거길 들어가는 게 어려울 텐데... 워낙 사람이 많다 보니까 한명 들어갔다 나왔다 하는 게 큰 티는 안 나니까." (G, 대기업 엔지니어, 복직 1년 10개월차)

> "동일한 팀으로 왔으니까요. 기존에 있던 분들이 계시면, 그대로 같이 가니까요. 퇴사할 때까지 본인의 희망이 있어서 팀을 옮기는 것이 아니면 그대로 팀에 동일하게 있어요." (A, 유통업 소프트웨어 개발자, 복직 1년 10개월차)

> "저는 큰 걱정 안했어요. 한 2~3주 있다 보면 적응 되겠지.. 하고. 소속이 만약에 제가 원하는 거로 갈 수 있다면 더 좋을 수도 있고... 회사마다 다른데 이제 저희 회사는 원소 복귀고. 복귀할 때 어디로 가고 싶니라고 물어봐서 거기 안 되면 원래대로 보내줄게 이렇게 하면 제가 볼 때 베스트고, 어딘지 모르겠지만 우리(HR) 마음대로 보낼게 하면 불안하죠. 그걸 기피하는 부서 위주로 보낸다면 밑에서 보고 있으면 (육아휴직을) 쓰기 힘들겠죠. 아무래도." (L, 건설사, 복직 3개월차)

반면, 복직 후 적응에 어려움을 겪었다고 한 경우도 두 사례 정도 있었는데, 그 중 한 사례는 원래도 4~5년 마다 부서별 순환을 하기 때문에 부서 변경 후 적응하는 정도의 긴장과 스트레스를 복직 후에도 느낀 경우이었다. 다른 한 사례는 기존에 하던 일이 휴직 후 바뀌어서 일에 있어서의 이해도와 숙련도가 떨어져서 복직 후 어려움을 겪은 경우이었다.

> "적응 너무 힘들어요. 휴직했을 때 빨리 복직하고 싶었는데, 복직하니까 너무 힘들어요(웃음). 일단, 역할 변화가 너무 크고, 업무에 대한 이해도나 숙련도가 없는 것도 크죠. 하는 일의 내용이 바뀌어서 그런 것 같기도 하고." (C, 중견기업 리서치팀, 복직 4개월차)

동일한 팀으로 복귀가 되지 않는 경우 적응에서의 어려움이 예상되지만, 현재 직장이나 팀에서 어려움을 느끼고 팀 변경의 수단으로 육아휴직을 활용하는 경우도 있었다. 명시적으로 직장에서의 어려움 때문에만 육아휴직을 사용한 것은 아니지만, 아내는 직장을 다녀야 하고 자녀를 기존에 돌봐주던 분에게 사정이 생겨 누군가 양육을 전담할 사람이 필요한 상황에서 직장 상황이 복잡하니 변화를 꾀하고자 육아휴직을 선택한 사례도 연구 참여자 중에서 네 사례가 있었다. 이들은 복직 후 이전과는 다른 팀으로 들어갈 수 있어서 적응이 수월하지는 않았어도 모두 만족하는 모습을 보였다.

복직 후 직장생활에서 일반적으로 나타난 두드러진 변화는 '돌봄'에 대한 인식과 태도가 변화하였다는 점이었다. 연구 참여자는 모두 직장에 돌아가고 나니 여성 동료에 대한 이해도가 달라지고, 워킹맘과 동질감을 느끼기 시작하였으며, 자신들도 아빠이며 동시에 노동자인 '아빠노동자'로서의 정체성이 형성되기 시작하였음을 이야기하였다. 육아휴직 기간 동안 아이를 전담한 경험이 복직 이후에도 유지되는 경향을 보였고, '아빠노동자'로서 지내게 되었다는 것이다. 이러한 변화를 가능하게 만든 것은 육아휴직 동안 아이를 돌보는 경험을 통해 아이에게 필요한 일을 구체적으로 그려낼 수 있고, 그러한 돌봄이 지속될 수 있는 방향으로 일도 조정해 나가기 때문이라고 할 수 있다. 예전에는 시간이 나면 아이를 돌봤던 데에서, 이제는 아이돌봄을 위해 스스로 시간조정의 노력을 하는 변화가 나타났다.

"이전에 신경 안 쓰던 걸 쓰다보니까 저도 생각하는 거예요. 최대한 빨리 가야겠다. 그리고 늦게 가더라도 이제는 약간 아이들의 생활기록부 보고 책도 읽어주고 해야겠다는 생각을, 전에는 시간나면 해야지라고 생각했는데 지금은 하기 위해서 어떻게든 빨리 가야 해야 된다고. 왜냐면 그게 정말 좋은 걸 아니까. 그니까 똑같은 행위라도 동기가 바뀐 거죠. 전에는 가급적 피할 수 있다면 피하고 싶다였는데 지금은 내가 하고 싶다로 바뀐 거죠. 그리고 회사에서도 이전에는 그냥 야근을 할 때도 (있었는데) 지금은 굳이 할 필요 있냐 하고 동료한테 얘기하고 끊고 오는 게 좀 있죠." (L, 건설사, 복직 3개월차)

회사 내에서 동료를 대하는 방식에 있어서도 변화가 있었다. 이전에는 작업환경 내에서만 동료를 바라보던 것이 육아휴직 후에는 가정이라는 배경도 포함해서 동료를 이해하고자 하는 특성이 나타났다. 특히 워킹맘에 대한 이해도가 높아졌다. 자연스럽게 성평등한 방향으로 젠더의식이 고양되었다.

"그 전에는 동료 한 명이 빠져서 '내가 힘들겠구나' 이런 생각을 했다면 우리 팀에도 아까 말씀드렸지만 지금 둘째 때문에 갔다 오신 분이 있는데 '아 진짜 힘들겠다!'… 그래서 그 분이 저희 부장님한테 전화해서 애 때문에 못 나온다고 하는데 저희 부장님이 "오전만 하고 너는 퇴근해라. 나머지는 집에서 해라." 이렇게 배려도 해주시는데 예전 같았으면 씨… 뭐 이랬을 텐데… '어 좋네! 최고다!' 이런 생각도 들고." (E, 중견기업 과장, 복직 1년 6개월차)

"'잘 쉬다왔어?'라던가 '딴 데 알아본 곳 있느냐?' 혹은 '뭐 이직하려고 한 거 아니냐'. 이런 쓸데없는 소리를 안 하죠. 좋게 표현하면 남자든 여자든 육아휴직을 하고 온 사람을 상대로 그런 배려 없는 이야기를 하지 말라는 의미에서 육아휴직을 추천하고 싶네요." (C, 중견기업대리, 복직 4개월차)

"(워킹맘에 대한 생각은) 아 그건 많이 생겨요. 애를 보면서 출근을 하는 게 정말 쉽지 않다는 것을 확실히 느꼈거든요. 부부가 있으면 남자는 그렇게 크게 관여는 안 되어 있는데 여성분들은 애기도 다 챙겨야 되고 출퇴근도 하고 이런 것들이 아 정말 힘들겠다는 걸 확실하게 알게 되었죠. 대단하다고 생각하고." (N, 유통업 바이어, 1년 6개월차)

연구 참여자들에게 복직 후의 직장생활에서의 갈등과 어려움은 상대적으로 덜 드러났다. 이는 직장의 규모에 따라, 직무의 특성에 따라, 팀의 구성에 따라 적응에 영향을 미치는 요인이 다양하므로 육아휴직 후 일반적인 복직 상황이 도출되기 어렵기 때문으로 보인다. 육아휴직 후 직장으로 돌아왔을 때의 생활에서 드러난 또 하나의 특성은 여성 직원에 대한 생각과 태도가 변화했다는 것이다. 즉, '돌봄'에 대한 인식과 태도 자체가 변화한 것인데, 이는 돌봄자로서의 정체성 구성과 경험이 결국 성평등적 사고를 확산시키고(조윤경, 민웅기, 2013) 젠더감수성을 높이는 데에 기여한 것이라고 여겨진다(강혜경, 2013; 김연진, 김수영, 2015).

5. 결론 및 제언

본 연구는 자녀 돌봄의 공공성을 강화하여 여성, 남성, 기업, 국가 모든 주체가 아이를 함께 돌보는 환경을 마련하고자 하는 정책 기조에 주목하여, 남성이 가족친화제도인 '육아휴직제'를 활용하였을 때, 그들의 가정과 직장 생활에서 어떠한 경험과 생각을 하였는지 질적 연구를 통해 살펴보고자 하였다. 이를 위하여 민간 기업에 근무하는 2016년 이후 육아휴직제를 활용한 경험이 있는 5세 미만 영유아 자녀를 둔 남성 14명을 대상으로 인터뷰를 실시하였다. 3인으로 구성된 연구팀은 합의적 질적 연구방법(CQR)에 따라 5가지 영역에 대하여 총 14개의 범주를 도출하였고 각 범주별 연구 참여자의 빈도를 교차분석을 통해 파악하였다.

연구 결과 첫째, 아빠의 육아휴직 사용의 전형적 이유는 아내의 출산·육아휴직 기간이 끝나고 복직을 해야 하는 시기에 어린 자녀를 전적으로 돌볼 사람이 필요했기 때문이었다. 이외에도 육아스트레스로 인해 심화된 부부 갈등을 완화시키기 위한 해결책으로서 육아휴직을 사용한 경우도 있었고, 직장으로부터의 합법적인 도피 수단으로서 육아휴직을 사용한 경우도 일부 있었다. 둘째, 육아휴직 동안의 일반적 정서는 '힘들다'는 것이었고, 주변의 도움 없이 아이를 홀로 전담하여 돌봤던 사례에서는 '외로움', '고립감', '부담감', '죄책감'과 같은 부정적인 정서가 드러났다. 그러나 동시에 자녀를 돌보는 기간을 통해 자녀를 보고 느끼는 행복감은 일반적인 것으로 나타났다. 셋째, 육아휴직을 통해 아내의 고충이나 정서를 이해할 수 있게 되었다는 것이 일반적인 경우이었고, 이를 통하여 부부 간의 유대감이 상승하고 부모로서 하나의 팀을 이루어 공동 육아가 가능하게 된 것이 전형적으로 나타났다. 넷째, 자녀와의 관계에 있어서는 그저 어린 아이의 특성으로만 막연하게 아는 것이 아니라 자녀의 고유성을 이해하게 되었다는 점이 전형적으로 나타났고 아이가 엄마만큼이나 아빠를 찾고 의지하는 관계가 되었다는 경우도 있었다. 마지막으로 복직 후 직장생활에 있어서 연구 참여자들은 아이 돌봄의 일이 얼마나 힘들고 가치 있는 일인지 이해하고 함께 배려해주는 태도를 보이는 방향으로 변화된 것이 일반적이었다. 복직 후 직장 적응에 있어서 6개월에서 1년가량의 휴직 기간을 보냈어도 동일한 팀이나 업무를 하는 경우 경력 단절을 느끼기보다는 쉽게 적응하는 것이 전형적임을 알 수 있었다.

이러한 연구 결과는 아빠가 '돌봄'을 직접 경험하는 것이 돌봄의 대상자인 자녀와 기존에 돌봄을 전담했던 아내를 이해하고, 나아가 직장에서 '돌봄'을 경험했던 동료들을 이해하는 데 도움이 됨을 보여주었다. 아빠가 비교적 긴 기간 동안 '전업' 돌봄자로서 자녀를 돌본 경험은 가정과 직장에서 돌봄의 가치와 돌봄자에 대한 이해와 배려가 확산되는 계기가 될 수 있으며, 나아가 자녀 돌봄에 대한 가치를 인정하는 문화가 사회전반으로 확산될 가능성을 보여주었다. 따라서 '돌봄'을 경험한 아빠의 양적확대와 자녀 돌봄에 대해 인정하고 배려하는 문화를 확산시키기 위해 본 연구에서는 남성의 육아휴직 활성화 방안을 다음과 같이 제시하고자 한다.

첫째, 남성의 육아휴직 활성화를 위해 현재의 배우자 출산휴가 대신 약 한 달 정도의 '아빠출산휴가제도'를 제안한다. 기존의 '배우자 출산 휴가'는 5일이었다가 2019년에 유급 10일로 확대되었다. 그러나 이 제도에는 여전히 두 가지 아쉬운 점이 있다. 하나는 출산 후 10일이라는 기간도 여전히 짧다는 것이다. 대부분 병원에서 출산을 하고, 산후조리원 이용이 많은 우리나라의 출산문화를 고려해볼 때, 산후 열흘은 아내와 아기가 집이 아닌 곳에서 시간을 보낼 가능성이 크다. 아내의 산후조리를 돕고 아빠됨을 경험하기 위해서는 남자도 최소한 한 달은 출산 휴가를 가질 필요가 있다. 그렇다면 출산 후 회복과 신생아 돌봄에 있어서 실질적인 도움과 함께 아빠로서의 경험을 할 수 있을 것으로 보인다. 아빠의 출산 휴가를 확대하는 정책은 남성의 육아휴직제 확대를 보완하고 견인하여 '함께 돌봄'의 문화를 확산하는 데 기여할 것이다.

다른 하나는 이 제도의 명칭에 있다. '배우자 출산 휴가'에서 배우자라 함은 변화의 한 주체로서가 아니라 출산을 하는 배우자를 위한 보조적인 역할로 남성의 역할을 국한시킨다. 아이가 탄생하면서 부모가 되는 것은 엄마와 아빠가 모두 마찬가지이다. 그래서 배우자를 위한 출산 휴가가 아니라 아빠가 되기 위한 출산 휴가가 필요하다. 자녀 양육 지원제도는 남성들에게도 '부모권'을 보장하는 방식이 되어야 한다. 그 출발점은 아빠가 되는 순간부터 이어야 한다. 즉, 부모됨의 전이를 경험하는 순간에서부터 시작되는 것이 필요하다. 부모가 된 아내를 돕는 것으로 인식할 것이 아니라, 부모가 된 아빠 자신이 능동적으로 새로운 역할을 인식하고 수행할 수 있기 위해서는 주체적인 이름을 마련하는 것이 필요하다. '배우자출산휴가'보다는 '아빠출산휴가'로 바꿔 부르는 것이 타당한 이유가 그 점이다.

둘째, 부모가 출산초기에 동시 육아휴직을 사용하는 것을 활성화하는 것이 필요하다. 자녀 돌봄이 행복감을 주는 것이 사실이어도 육아휴직 동안의 일반적 정서는 '힘듦'이었다. '아빠의 달' 제도를 활용하여 아내가 복직한 이후 홀로 아이를 돌봤던 연구 참여자들은 다른 참여자들과 달리 육아의 어려움, 외로움, 고립감, 부담감 같은 정서적인 힘듦에 대해서 훨씬 적나라하게 이야기하였다. 돌보는 사람의 성별과 관계없이 돌봄 노동이 한 사람에게 집중되었을 때 돌봄 제공자가 가지는 취약성을 보여주는 것이라고 할 수 있다. 이에 반하여, 주변에 함께 돌볼 사람이 있었던 경우, 육아휴직 기간 동안의 행복감과 만족감을 표현하는 경우가 많았다. 따라서 부부가 아빠의 달을 통해 순차적으로 돌봄을 전담하게 함으로써 돌봄의 어려움에 함몰되도록 하는 것이 아니라, 함께 돌보는 기쁨도 느낄 수 있는 환경이 제공되는 것이 필요하다. 이런 의미에서 2019년 10월부터 배우자 동시 육아휴직이 가능하도록 제도개선이 이루어진 것은 환영할 일이다. 이제는 실제 동시 육아휴직이 활성화될 수 있도록 노력할 필요가 있다. 특히 돌봄 부담이 큰 출산 초기에 아내뿐 아니라 남편도 돌봄에 함께 전념할 수 있는 기회를 제공하는 게 중요하다. 앞서 언급한 아빠출산휴가제를 한 달 이상 사용할 수 있게 한다면, 부부의 공동 양육 경험을 통해 외로움보다는 행복감을 더 느끼고 부모됨에 대한 긍정적인 경험이 축적될 것으로 기대된다.

셋째, '남성 육아휴직제도'는 자율적으로 활용할 수 있도록 하는 것이 적절할 것이다. 연구에 참여한 아빠 대부분은 맞벌이 가정에서 아내의 복직 시기에 맞춰 육아휴직을 사용하는 것이 전형적이었으나 심각한 부부갈등의 해결이나 직장생활에서의 갈등 회피 수단으로도 육아휴직이 활용되었다. 남성 육아휴직제를 독려하는 정책의 방향은 바람직하지만 실제 남성의 육아휴직제의 사용에는 이를 가능하게 하는 혹은 가로막는 맥락적 요소가 존재함을 보여주는 것이다. 연구 결과에서도 드러나듯이 아내의 맞벌이 여부, 조부모나 다른 친지의 도움 가능 여부, 직장별 HR 운영 시스템, 본인이 맡은 업무 특성에 따라 육아휴직 사용은 수월하기도 하고 그렇지 않기도 하다. 따라서 남성의 육아휴직제는 자율적으로 각자의 상황에 맞게 활용할 수 있도록 하는 것이 적절할 것이다. 다만 남성이 아내와 부모라는 하나의 팀을 이루어 부모의 역할을 해낼 수 있고, 자녀와 아빠로서의 고유한 관계를 맺기 위한 남성들의 적극적 육아 참여는 필요하다.

넷째, 아빠들 간에 커뮤티니 활성화가 필요하다. 아빠인 연구 참여자들은 부모가 곧 엄마라고 인식되는 사회 속에서 주변인으로서의 맴돌았고 부모 커뮤니티에 들어가기 어렵다는 생각을 했다. 기존의 직장 네트워크로부터 소외되고, 부모 역할을 하면서도 이웃이나 다른 사람과의 상호작용은 불편하거나 어려운 상황이 되면서 고립감을 느끼기 쉬웠다. 이러한 문제의식에서 출발하여 고용노동부에서 제공하기 시작한 아빠들을 위한 맞춤형 육아정보 통합 포털(아빠넷, http://papanet4you.kr)은 매우 의미가 있다. 이러한 온라인, 오프라인 상의 커뮤니티가 활성화되어 육아를 담당하는 아빠들이 체감할 수 있을 지원 네트워크가 형성될 필요가 있다.

다섯째, 남성의 육아휴직 경험이 가정 내에서뿐만 아니라 직장 환경에서도 돌봄의 가치를 인정하고 배려하는 문화 형성에 기여했다는 연구결과를 고려할 때에, 가족친화적 기업 문화 조성을 위해서는 남성 육아휴직자의 양적 증가가 필수적이다. 1년가량의 휴직은 상황에 따라 선택할 수 있게 한다 하여도, 적어도 한 달 정도의 '아빠출산휴가'는 보편적으로 누리는 권리가 되도록 제도 설계가 필요하다. 육아휴직제도 이용의 활성화를 위해 한 가지 덧붙이자면, 남성 육아휴직이 특정 그룹만을 위한 제도가 아님에 유의할 필요가 있다. 연구 참여자 중에서는 육아휴직제는 맞벌이 부부에게 특화된 제도이고 외벌이는 쓰기 어려운 제도라서 오히려 차별이라고 느끼거나 부러움의 대상이 되는 경우가 있다고 하였다. 지금까지의 선행연구에서는 맞벌이 부부만을 대상으로 남편의 육아휴직 경험을 살핀 연구이거나 그러한 제약을 가지지 않고 연구 참여자를 모집하였어도 전업주부가 있는 경우는 한두 사례에 지나지 않았다. 또한 육아휴직은 정규직 임금근로자만을 대상으로 하고 있다. 자영업자나 비정규직의 경우는 육아휴직을 사용하기 어렵다. 이러한 난점은 국가 재정지원을 바탕으로 한 달 기간의 유급 '아빠출산휴가' 제도를 도입함으로써 완화될 수 있을 것으로 기대한다.

부표 1 연구 참여자의 일반적 특성

참여자 (출생 년도)	업종/ 직업	기업 규모	휴직시기 (기간)	아내 취업 여부(직업)	조부모/ 도우미 도움	자녀 수	자녀 출생년도
A (85)	유통/ 정보시스템개발	대기업	2016.6~2017.3 (10개월)	취업모 (IT전문가)	전혀 없음	2명	2015.6. 2017.2.
B (79)	금융/ 보험전문가	대기업	2016.9~2016.12 (4개월)	전업모/ 파트타임	가사도우미	3명	2010. 2012. 2014.
C (84)	부동산 · 건설/ 사무원	대기업	2017.10~2018.10 (1년)	취업모 (유통)	전혀 없음	2명	2014.4. 2016.9.
D (78)	금융/금융전문가	대기업	2018.11~2019.6 (3개월째 휴직중)	취업모 (연구원)	전혀 없음	1명	2017.8.
E (80)	마케팅/사무원	외국계기업	2016.4~2016.10; 2016.12~2017.6 (1년)	취업모 (공무원)	조부모 전담	2명	2009. 2013.
F (79)	공기업/ 운영관리자	공기업	2018.12~2019.12 (1개월째 휴직중)	취업모 (회사원)	전혀 없음	1몽	2017.8.
G (81)	IT/ 시스템개발전문가	대기업	2016.1~2017.1 (1년)	취업모 (같은회사)	본가와 동거	2명	2013.3. 2016.5.
H (80)	IT/경영 사무원	대기업	2018.7~2019.7 (7개월째 휴직중)	취업모 (같은회사)	전혀 없음	2명	2013. 2017.4.
I (84)	IT/경영 사무원	대기업	2017.10~2018.10 (1년)	전업모	입주도우미 (산후조리시)	2명	2012.12. 2018.7.
L (85)	기획사/컨설턴트	중소기업	2013.7~2013.9; 2018.2~2018.12 (13개월)	전업보/ 파트타임	전혀 없음	3명	2010.11. 2013.1. 2015.4.
K (85)	금융/금융전문가	외국계 기업	2018.6~2019.3 (8개월째 휴직중)	취업모 (회사원)	전혀 없음	1명	2017.3.
L (80)	건설/건설관리자	대기업	2018.5~2018.11 (6개월)	취업모 (공무원)	친할머니 동거/도움	2명	2012.9. 2015.3.
M (83)	건설/경영사무원	대기업	2018.2~2018.12 (10개월)	취업모 (같은 회사)	본가아 동거	1명	2016.8.
N (82)	유통/판매관리자	대기업	2016.11~2017.8 (10개월)	취업모 (IT전문가)	외조부모 전담	2명	2014.7. 2017.5.

III. 육아휴직을 경험한 아빠들의 내러티브

III. 육아휴직을 경험한 아빠들의 내러티브

육아휴직을 했던 아빠들을 인터뷰하면서 공통적으로 건넨 첫 질문은 '육아휴직을 했던 기간을 한마디로 말한다면 뭐라고 하겠습니까?'이었다. 머뭇머뭇 말을 고르는 아빠들부터 주저 없이 한마디로 정리해버리는 아빠들까지 내어 놓는 말들은 다양했지만, 자신의 육아휴직 기간을 고스란히 드러내는 대답임은 모두 같았다. 이 장에서는 일반 기업에서 자발적으로 육아휴직을 사용하였던 아빠들의 다양한 육아휴직 경험을 소개하고자 한다. 아이를 돌볼 사람이 자신밖에 없는 절박한 상황에서 육아휴직을 신청한 경우부터, 전직을 준비하면서 육아휴직을 하는 경우까지 이유는 다양했다. 하지만 육아휴직을 통해 기존에 하지 못했던 '부모역할'을 아빠들이 경험한 것은 동일했다.

1. 네 일, 내 일 나누지 않고, 둘 중에 누구도 못하는 일이 없어졌어요

• 세 살과 한 살배기 아이들을 1년 동안 돌본 아빠 진태우 씨

84년생 태우 씨는 아내가 1년간의 출산 및 육아휴직을 마치고 복직하던 시기에 1년간의 육아휴직을 시작했다. 큰 아이가 40개월, 작은 아이가 12개월 때인 2017년 가을이었다. 중견기업의 부동산/건설 관련 부서에서 일을 하던 태우 씨는 회사 남성 직원 중에서는 자신이 아마도 첫 번째 육아휴직자일 거라고 했다. 태우 씨는 아이가 만 1세가 지난 후 첫 번째 맞이하는 3월부터나 국공립 어린이집에 보낼 수 있다는 게 문제가 있다고 말했다. 12월생 아이는 엄마가 출산전후휴가에 연이은 1년 육아휴직을 쓰면 엄마가 복직하는 시기에 딱 맞춰 아이를 국공립 어린이집에 보낼 수 있다. 하지만 아이가 12월생이 아니라면? 중간에 몇 개월 공백이 생길 수밖에 없는 제도적 허점이 있다는 것이다.

결국 태우 씨는 자신도 육아휴직을 신청하기로 결정했다. 그리고 육아휴직을 하는 동안 조부모나 도우미 도움 없이 만 세 살, 한 살의 두 아이를 먹이고, 입히고, 정리하고, 어린이집 노트를 적는 등 아이 돌봄과 관련한 모든 일을 전적으로 담당하면서 진정한 공동 양육이 가능한 부모가 되었다고 자부했다. 복직한 지 4개월이 넘어가는 현재에는 부모가 일하며 두 아이를 키우려면 양가 도움 없이는 불가능하다고 말했다. 유통쪽 업무를 하는 아내는 8시 혹은 12시 출근이어서 아이들을 등원시키지 못하는 근무일에는 아이들 외할머니가 등원시켜준다. 하원은 아이들 친할아버지나 친할머니가 도와준다. 본가와 처가 부모님들까지 총출동하여 보내다 보니 '한사람만 독감이 걸려도 빵꾸가 나는' 아슬아슬하고 정신없는 하루하루를 보내고 있다고 말했다.

• 24시간을 돌보는 일, 돌봄 노동

말 못하는 아이와 24시간 함께 생활해야 한다는 것은 노동의 강도를 지극히 크게 만든다. 돌쟁이 아이와 24시간 붙어 있으면서 태우 씨는 '인간이 사회적 동물이구나'라는 말의 의미를 온전히 깨달았다고 했다. 분명히 누군가와 24시간 붙어 있는데, 그리고 상대의 요구에 신속하게 반응해야하는 중요한 관계인데, 실제로 속 이야기를 나눌 수 있는 상대는 없고 소통하는 느낌도 받을 수 없었다. 그래서 태우 씨는 육아휴직 기간 동안 '말할 대상이 없다는 게' 제일 힘들었다고 고백했다.

영유아기 아이 둘을 전담했던 태우 씨는 아이를 돌보는 것은 '명백하게 이건 **일**'이라고 힘주어 말했다. 태우 씨는 육아휴직을 통해 아이 돌봄을 담당하고 나서야 그 전에는 보이지 않았던 아빠라는 역할(Role)에 부여되어 있는 일(Job)들이 보이기 시작했다. "그 전에는 'Role'이었다고 하면, 지금은 'Job'이 된 것 같아요... 이 Role을 안하면, 시간당 페이가 누군가에게 주어져야 된다는 사실이 이제 인식이 되니까"라며 웃었다. 육아휴직 전에도 당연히 태우 씨는 아빠이었다. 하지만 아빠라는 역할에 부여된 '일'에 대한 인식은 약했다. 그러나 육아휴직을 통해 아이를 돌보는 부모역할 영역에 발을 내딛게 되자 부모의 돌봄 역할에 부과된 일의 성격과 내용을 알게 된 경우였다.

• 아이가 힘들 때 찾는 존재, 아빠

육아휴직 1년을 통해 태우 씨는 자녀와의 관계에서 극적인 변화를 경험했다. 당시 돌쟁이인 둘째 아이가 자신을 주 양육자로 인식하게 된 것이다. 휴직 전에도 가사분담이나 자녀 양육에 있어서 적극적인 편이라고 했다. "이를테면 목욕도 시키고, 놀아도 주고, 책도 읽어주고, 또 이것저것 다" 했지만, 막상 육아휴직을 하면서 육아 관련 일의 다양함과 어려움을 알고 나니 자신이 했던 일은 '서브(보조)'에 지나지 않았다고 말했다.

그래서 아이 입장에서 꼭 있어야 할 단 한 사람을 고른다면 그 대상은 '엄마'가 될 것이라는 것도 이해했다. 아빠와 잘 놀다가도 아이들이 "엄청 서럽거나, 엄청 외롭거나, 엄청 힘들 때"가 되면 엄마를 찾는 게 너무도 당연했다. 그런데 육아휴직을 하며 24시간을 아이와 함께 하자 둘째에게는 힘들거나 서럽거나 무서울 때 찾고 싶은 사람이 아빠가 된 것이다. 둘째가 주 양육자는 아빠라고 인식하는 걸 태우 씨가 어떻게 아느냐는 질문에 대해 "잘 때 저를 찾습니다. 자다 깨면 저를 찾고요"라고 응답하였다. 육아휴직 전에는 아이들이 잘 때가 되면 엄마 옆으로 모여들었다. 애들이 잘 시간이 되면 혼자 컴퓨터로 일도 하고 웹툰도 보며 쉬는 것이 가능했는데, 이제는 '아빠가 안 오면 안 자겠다는 식'으로 잘 때 아빠를 더 찾는 아이를 보며 행복한 구속을 느낀다고도 말했다. 육아휴직을 통해 아이에게 더 각별하고 필요한 위치에 아빠의 자리가 생겼음을 태우 씨는 느끼는 것이었다.

• 네 일, 내 일이 없어진 공동 육아

태우 씨는 회사에서 처음으로 남성 육아휴직을 신청한 사람일 정도로 자타가 공인하는 가정적인 남자이다. 집안일도 항상 같이 하는 사람으로 알려져 있고 본인도 그렇게 느끼고 있었다. 육아휴직을 통해 새로이 경험한 집안일도 많지 않았다. 그렇다고 변화가 없는 것은 아니었다. 가장 확실한 변화라면 가사 일을 나누지 않고 '네 일, 내 일이 없어진 거'였다고 했다. 가사 일을 처음부터 영역을 나눠서 할 경우에 종종 공평하지 않은 상황이 만들어진다. 그래서 모든 일에 대해 '둘 중 누구도 못하는 일이 없게 되는' 환경을 마련한 것이 육아휴직을 통한 가장 큰 수확이었다고 보았다. 어느 남성 육아휴직자 아내가 부부가 부모가 되어 함께 돌봐야 하는 '공동업무구역'을 남편이 인식하게 된 것이 제일 좋았다고 했던 것과 상통하는 부분이다. 부부가 함께 해야 할 가사일과 육아의 경계를 인식한다면, 한 팀으로서의 이해가 높아지고, 공동 업무 구역을 함께 꾸려나가기 위한 실질적 노력을 할 수 있게 되는 것이다.

이렇게 함께 책임지고 살펴야 하는 구역이 설정되는 것 자체가 부부의 유대를 높이는 데에 기여하였다. 대체로 아내는 출산 후 육아휴직을 이어 쓰면서 생후 몇 개월 동안의 육아 경험을 통해 새로운 부모 역할을 인지하고 수행하게 된다. 아내가 먼저 인지한 만큼 아내 혼자 그 일을 담당하기 쉽다. 그 과정에서 새로운 일에 대한 두려움과 억울함을 느끼기도 한다. 그런데 남편이 새로운 업무 구역에 함께 발을 내딛음으로써 이른바 '독박육아'라는 부담에서 해방되는 것이다. '(남편이) 모르는 영역이 없다는 거에 대해 대단히 좋아하더라고요. 이게 내가 다 해주고 안 해주고 그런 것을 떠나서 어떤 거라는 걸 서로 안다는 것에 대해서 그걸로 위로가 많이 되는 것'같았던 것이다. '부모'라는 한 이름을 쓰는 두 사람이 함께 일한다는 것은 진정한 공동육아의 길로 접어든 것이다. 아직 말도 못하는 어린 아이를 돌보는 일을 함께 맡음으로써 서로에게 얼마나 의지가 되는지를 경험하면서 부부는 서로에 대한 이해를 높이고, 애정을 키우고, 결속을 높이고 있었다.

• **인터뷰 후기**

태우 씨는 두 아이의 아빠라는 정체성이 잘 드러나는 유쾌한 사람이었다. 육아휴직 기간 중에 태우 씨는 워킹맘들이 느끼는 답답함, 외로움, 소외감 등을 모두 직접 느꼈다. 그래서 회사에 복귀하고 나서도 여성 동료들에 대한 공감이 잘 이루어졌고, 여성 동료들 사이에서도 '인정'을 받았다. 태우 씨는 자신의 육아휴직에 대해 주변 여성 직원의 인정, 부러움, 존경과 같은 긍정적인 피드백을 받고 있었고, 이는 태우 씨의 육아휴직 경험을 더욱 값지게 하는 일이었다.

그런데 여성 동료들 사이의 인정과 존경과 같은 긍정적 피드백을 직접 느낀 경우는 태우 씨 외에 다른 연구 참여자들에서는 크게 두드러지지 않은 부분이다. 육아의 어려움을 토로하는 경우는 많았다. 하지만 육아의 어려움을 함께 나누고 위로하고 도울 사람을 찾기 어려워했다. 남자라서 엄마들 모임에 들어가지 못하고 휴직기간을 오롯이 홀로 보냈던 것이다. 태우 씨는 아이 둘을 전적으로 보며 힘들었지만 처형이 또래의 애를 보고 있던 터라 '엄청 가깝게 지내고 큰 도움이 되었다'고 회상했다. 태우 씨에게 처형한테 어떤 도움을 받았는지 물었을 때, '어린이집 끝나고 공원에 같이 간다든지, 저녁을 같이 사먹는다든지 서로 집에 가서 시켜먹는다든지, 육아나 훈육, 밥, 쇼핑 정보를 나누는 거'라고 하였다. 공동 육아 나눔터의 엄마들처럼 태우 씨는 육아 품앗이를 해보았기에 함께 돌본 사람으로서의 교감을 경험한 것이고 이러한 점이 워킹맘 동료들로부터 진심어린 인정을 받게 된 것이 아니었을까? 아빠들을 위한 다양한 커뮤니티가 활성화되고, 엄마와 아빠 구분 없이 함께 돌보는 경험이 쌓이게 된다면 직장 환경에서의 가족 친화적인 문화는 더욱 확산될 수 있을 것이다.

태우 씨는 육아휴직을 통해 '아이의 상태에 대한 이해도가 올라갔다'고도 말했다. 아이가 무슨 일을 했거나 부모가 무언가를 시켰을 때, 아이의 감정 상태를 쉽게 알아챌 수 있게 되었다는 것이다. 결국 아이와 아빠 모두가 '저도 애 눈치를 보고 애도 내 눈치를 보게 되면서' 서로의 감정 상태까지 살피는 관계가 될 수 있음을 지적한 부분은 인상적이었다. 1년 육아휴직을 해보면서 부모관, 교육관, 자녀의 미래에 대한 생각 등이 생겼는지에 관한 질문에 대해서도 태우 씨는 '큰 방향보다는 디테일하게 생각하게 되거나 알게 된 게 많죠'라고 답했다. 태우 씨의 말에는 나의 아이를 좀 더 오래, 좀 더 자세히 들여다본다면, 진정 아이가 행복할 수 있는 길을 아이와 그리고 아내와 다함께 찾을 가능성이 담겨져 있는 것 같았다.

2. 난생 처음 살아 본 '남을 위해 사는 삶!'이 너무 힘들었어요

• 두 아이의 아빠, 컴퓨터 엔지니어 85년생 신영기 씨

신영기 씨는 온라인 쇼핑 업체에서 컴퓨터 엔지니어링 관련 업무를 맡고 있다. 2015년 6월에 첫 아이 출생, 2017년에 둘째 출생으로 미취학 아이 둘을 둔 결혼 5년차 아빠이기도 하다. 육아휴직은 첫 아이 돌인 2016년 6월경에 시작했다. 신청은 일 년 기한으로 하였으나 10개월 만에 회사로 복귀하였다. 2017년 2월, 둘째가 태어나면서 아내가 출산 및 육아휴직을 하자 1년을 채우고 돌아갈 필요까지는 없다고 생각했기 때문이다. 아내가 출산 후 몸을 조금 추스르기까지만 같이 지내다가 둘째가 2개월 정도 되었을 때 회사로 복귀하였다. 영기 씨가 다니는 직장은 15명 내외로 구성된 팀이 여럿 있는 식이고, 모든 팀원이 팀장을 제외하고는 수평적이라는 특성을 가지고 있다. 결혼 이전부터 직장생활을 해 온 아내는 IT업체에서 스텝 업무를 맡고 있다. 2019년 1월 인터뷰가 이루어지던 시점에는 영기 씨 부부가 모두 회사로 복직한 상태이었고 두 아이는 어린이집을 다니고 있었다. 큰 아이는 세 살부터(2017년) 둘째도 한 살부터(2018년) 어린이집을 다녔다. 영기 씨 부부의 하루는 부부가 각자 한 명씩 아이를 맡아 등원시키는 것으로 시작한다. 아이들의 하원과 저녁 식사는 고용한 도우미가 맡아 해주고, 부부가 8시 정도까지 퇴근을 하면 도우미도 퇴근을 하고, 한 사람이 애들을 보는 동안 다른 사람이 저녁을 먹는 일을 번갈아 한다. 아이와 잠깐 시간을 보내다가 재우는 일까지 하고 나면 하루가 마무리된다.

• 육아휴직을 결심하고 회사에 신청한 것이 가장 쉬웠던 일

아이와의 정서적 교감을 중요시하고 정성으로 아이를 돌보는 데에 전력을 다했던 아내가 육아휴직을 끝내고 복귀할 시점이 되었다. 영아기에는 애착이 중요하다는 이야기를 들었고 돌이 막 지난 아이를 어린이집에 맡기는 것에 대한 걱정이 부부는 컸다. 그래서 영기 씨 부부는 남편 영기 씨가 아내에 이어서 아이를 돌보기로 결정한다. 아내가 맡아서 정성으로 아이를 돌봤던 일을 누가할 수 있을까 생각해본다면, 옵션은 많지 않았던 것이다. 주변의 맞벌이 부부들은 조부모님이 아이를 전적으로 보는 경우가 많은 것 같았지만, 영기 씨 부부는 늙으신 부모님께서 아이를 전담하여 돌보는 것을 '옳지 않다'고 생각했다. 주말마다 손주를 보고 싶어하는 조부모님들께 아이를 보여 드리러 갈 수는 있지만, 조부모님이 손주를 돌보는 것에 일차적 책임을 지고 아이 돌보는 것은 아니라고 생각했던 것이다.

첫째 아이이어서 모든 게 조심스러웠던 영기 씨 부부는 세 살까지는 부모가 직접 돌봐야 한다는 자신들의 원칙을 지켰다. 아내는 첫 1년간 모유수유를 하면서 아이를 키우는 데에 정성을 쏟았다. 돌부터는 아빠 영기 씨가 역할을 맡아야 한다는 데 부부는 합의를 했다. 아이는 부모가 돌봐야 한다는 생각을 부부가 공유하고 있었기 때문에 육아휴직을 결정하는 것이 육아 전체에서 가장 쉬운 일이었다. 육아가 육체적으로 힘든 일임을 알고 있었다고 생각했는데, 이는 머리로만 이해하던 것이었다고 영기 씨는 말했다. 아내가 육아휴직을 하는 동안에는, 다음 날 출근을 해야 하는 영기 씨는 밤중육아로부터는 해방되어 있었다. 그래서 정작 육아휴직을 신청할 때에는 '이참에 회사도 좀 쉬고 집에 있지 뭐'라는 '휴가 가는 느낌'이었다고 한다. 그래서 육아휴직을 결정하고 신청하는 것도 쉬운 일이었던 모양이라고 실토했다.

• 가벼운 마음으로 시작했던 육아, 그러나 불안하고 외롭다

막상 육아휴직을 시작하고 아이를 돌보는 것이 주 업무가 되고 나니 부담감이 생겨났다. 지금 잘하고 있는 건지, 혹 아이에게 중요한 시기에 잘못 하는 것은 아닌가 하는 불안이 들었다. 한 인간을 전적으로 맡아 키운다는, 육아가 가지고 있는 본질적이고 근원적인 어려움에 맞닥뜨리게 된 것이다. 아이에게 중요한 무언가를 부모인 나의 실수나 무지로 놓치면 어떡하지? 지금의 잘못으로 훗날 아이가 나를 안 좋아하게 되면 어쩌지? 훗날 아이가 성공하지 못하면 어쩌지? 하는 걱정들. 즉 불확실함에 대한 불안을 처음 만나게 된 것이다. 아이를 키우면서 하는 행동이나 결정은 대부분 당장의 문제라기보다는 훗날 아이의 미래와 관한 것이 많다. 아이가 나중에 키가 컸으면, 나중에 공부를 잘했으면, 나중에 좋은 평판을 받았으면 하는 마음에 지금부터 먹이고, 가르치고, 혼내는 것이다. 그런데 미래의 일이기 때문에 현 시점에서는 아무리 노력해도 정말 키가 클지, 공부를 잘 할지 알 수가 없다. 그래서 부모 역할을 하는 것은 불확실성과 싸우는 일이기도 하다. 영기 씨는 불안과 싸우는 것이 부모가 되어 자녀를 돌보며 겪는 가장 큰 어려움 중 하나였다고 말했다.

하루 종일 아이를 돌보면서 영기 씨는 돌봄 · 육아가 가지는 고유한 특성을 하나씩 알게 된다. 영기 씨가 아이를 돌보면서 난생 처음이라 느낀 부분은 모두 '평생에 한 번도 가져보지 못했던 남을 위해서 사는 삶'을 살아보면서 나오는 것이었다. 영기 씨는 24시간 아이와 함께 있으며, 어느 때이고 아이가 배가 고프다고 울면 내가 아무리 힘들고 쉬고 싶은 때라도 밥을 줘야 하는 상황임을 뼈저리게 느끼게 된다. 나의 욕구와 타인의 욕구가 충돌할 때 타인의 욕구에 우선적으로 응답해야 하는 삶을 살아보는 것은 진정 새로운 일이었다. 아들로서의 삶, 남편으로서의 삶, 성인 남자의 삶 어디에도 타인의 요구와 필요에 기민하게 반응하고 촉각을 곤두세우는 경험은 들어설 자리가 없었다. 육아휴직을 통해 24시간 아이가 필요한 것을 챙겨주고 안전하도록 살피고 아이의 요구에 반응하는 돌봄 노동을 온전하게 해보고 육아의 어려움을 더 이상 머리가 아닌 몸으로 이해하게 되었다.

육아를 하면서 영기 씨가 힘들게 느꼈던 또 하나의 지점은 '답답함'이었다. 이는 영기 씨가 육아휴직을 했던 시기와 관련이 있을 것이다. 영기 씨는 첫 아이 돌 즈음에 육아휴직을 시작하여 만 2세가 될 때까지 육아를 담당하였다. 인터뷰에서 영기 씨는 이 시기를 아이의 발달단계상 '제일 힘든 때'라는 표현을 자주 했다. 아이의 주장과 요구는 점점 커지지만 의사소통 능력은 부족해 상호작용을 하기에 어려움이 커지는 시기이기 때문이라고 했다.

육아휴직 중에 영기 씨가 가장 오랜 시간을 같이 보내며 상호작용한 상대는 두 살배기 딸이었다. 이 아이와의 양자관계에서 호혜성은 보장되지 않았다. 영기 씨는 전적으로 자신이 아이를 살피고 요구를 들어주지만, 아이로부터 이에 상응하는 대우를 기대할 수는 없다. 아이는 그지없이 예쁘고 사랑스럽다고 했다. 하지만 같은 것을 보면서 이야기 나누고, 생각을 나누고, 도와주고, 배려 받는 호혜적인 상황이 만들어지지는 않는 것이다. 아이에게 한순간도 눈을 떼지 않고, 해달라는 것을 들어주고, 울면 달래주어야 한다. 이런 일들은 모두 아이가 무언가를 시작해서 생기는 일이다. 영기 씨는 반응하고 대처하는 위치에 놓인다. 이러한 일방성은 영기 씨가 육아 기간 동안 내내 느꼈던 답답함과 관련이 있다.

이러한 답답함을 풀기 위해 '함께 돌봄'에 대한 욕구가 생겼다. 아이와의 관계에서는 즉각적 호혜성을 담보하기 어려우나, 함께 돌보는 사람이 있어 마음을 나누고 서로를 지지하면 이러한 답답함에서 벗어날 수 있을 것이기 때문이다. 그런데 육아하는 아빠들의 경우, 절대 다수가 엄마인 부모모임에 나가기 멋쩍어 엄마들보다도 더욱 크게 고립감을 느끼기도 하였다. “여자분들은 같은 육아를 하는 친구분들이 생기고 이런 식의 뭔가 동료들이 생기는데... 뭔가 남자라서 육아를 하는 여성분들과 친해질 수 있는 게 아니었고.. 그래도 실제로 그거(함께 돌봄)를 기대하고 백화점 문화센터라든지 도서관 그런 활동들을 해보기도 했지만 그게 쉽게 안 되더라고요.”라는 말에서 육아하는 아빠들에 대한 정서적 지원망은 더 취약할 수 있음이 나타났다. 이제 ‘답답함’을 지나쳐 ‘외로움’까지 느끼게 된 것이다. 이 시기 영기 씨는 아내의 퇴근을 얼마나 기다리며 하루를 보냈는지 토로했다.

영기 씨는 둘째 아이가 태어나 만 두 살의 시기가 되자, 첫 아이의 육아휴직을 하던 그 때가 얼마나 힘들고 답답하고 외로운 시기였는지 새삼 다시 떠올리고 있었다. 영기 씨 부부는 둘째를 키우며 두 살 시기에 홀로 육아를 했던 영기 씨가 얼마나 힘들었을지 공감하는 계기가 되고, 아내의 진심어린 인정과 고마움을 통해 새삼 뿌듯한 마음이 들기도 했다.

• 인터뷰 후기

육아휴직을 통해 돌봄을 담당하던 아빠들이 보이는 젠더 의식은 어떠할까? 아이를 돌보는 것이 엄마의 몫, 여성의 몫이라는 인식이 지배적이고, 본인이 다니는 직장에서 처음으로 육아휴직을 쓰거나, 선구자라 불리며 육아휴직을 선택한 아빠들인 만큼 성평등의식이 높거나, 성별분업에 대한 구분의식이 희박하지 않을까?

인터뷰에 참여했던 많은 아빠들은 대부분 맞벌이 부부였고, 그래서 일을 함께 하는 아빠로서 가사 노동도 분담해야 한다는 점에 있어서는 동의를 하고 있었다. 아내와 남편이 함께 돈을 버는 만큼 아이를 키우는 일도 같이 해야 한다는 입장인 것이다. 아내가 복직을 해야 하는 시기가 되었을 때 남편이 휴직을 하고 아이를 돌보는 선택을 하는 경우도 종종 있었다. 그런데 흥미로운 것은 공동의 역할분담의 차원에서 육아휴직이라는 선택을 하기는 했어도, 남자라서 아이를 돌보는 것이 여자들보다 더 힘들다는 인식이 인터뷰 속에 종종 드러났다.

영기 씨는 '군대 다녀온 남자'의 특징으로 이런 부분을 많이 설명하였다. 군대에서 각 잡는 것을 배웠던 남자들이 좀처럼 각이라고는 잡히지 않는 아이들과 생활하는 것이 얼마나 어려운 일인지에 관한 이야기를 했다. 육아휴직 전에는 정리되지 않은 집안에 대한 불만이 많았는데, 아이들과 직접 생활해 보면서 아이 있는 집에서 정리정돈을 하기란 얼마나 어려운지를 깨달은 것이 육아휴직 기간의 큰 수확으로 꼽는 경우도 있었다. 또한 엄마가 주는 정서적 지지와 돌봄에 아빠인 자신은 절대 미칠 수 없다고도 했다. 그것은 '남성'의 육아이기 때문이고, 돌봄의 본질에 있어서 남성은 해낼 수 없는 부분, 즉 정서적인 부분이 있기 때문이라는 인식이 있었다. 물론 이는 영기 씨 부부가 가지는 고유성에서 비롯된 부분이 많겠지만, 영기 씨를 비롯하여 많은 연구 참여자들이 공통적으로 이러한 생각을 보이는 경향이 있었다.

이 부분은 특히 흥미로운데, 돌봄을 담당해 본 사람들은 돌본다는 일이 힘든 일이라는 입장에 동의한다. 돌봄자에게 전적으로 의존하는 아이를 책임진다는 것은 돌봄자의 요구 · 욕구와 상충할 때 포기해야 하는 일이 생기는 것이기도 해서 더욱 어렵다. 그런데 아빠 육아휴직자는 이 부분을 '아빠라서', '남자라서' 아이를 돌보는 것이 더 어려웠다고 쉽게 표현하는 경우가 많았던 것이다. 일방적으로 아이의 요구에 반응해야 하는 영유아기 아이를 돌보면서 느꼈던 외로움에 대해 영기 씨는 남자라서 더 힘들었다고 말했다. "제 남자 성향에 뭔가 집에만 있으면 몸이 좀 쉽지 않더라고요. 그런 것들이 좀 힘들더라고요"라는 게 그의 말이다. 사실 이 부분은 엄마이어도, 할머니이어도, 보육교사이어도 힘들 수 있다. 육아휴직을 통해 남성들의 돌봄에 대한 의식과 태도가 성평등한 쪽으로 바뀌기 위해서는 군대를 다녀오거나 남성적이어서 돌보는 것이 힘들었던 것이 아니라 돌봄의 본질이 가진 어려움에 대한 이해도 동반될 필요가 있어 보인다.

3. 아침에 아이 셋 등원시키고 나면 하루 일과 다 끝난 거 같아요

• 세 딸의 아빠 카드회사 업무팀 황기웅 씨

79년생 황기웅 씨는 세 딸을 둔 아빠이다. 2016년 9월경, 아이들이 세 살, 다섯 살, 일곱 살일 때 육아휴직을 하였다. 결혼 후 직장을 그만 두고 세 아이를 키우는 데에 전력을 다하던 아내가 전공에 맞는 좋은 기회가 오자 풀타임으로 일하기를 희망하였다. 그 시기에 회사 내에서 불편하고 복잡한 문제가 있었다. 기웅 씨는 차라리 일 년간 휴직을 하면서 아내를 서포트하고 육아를 전담하는 것이 낫겠다는 판단을 내렸다. 그는 바로 육아휴직을 신청하였다. 회사 내의 복잡한 문제는 생각보다 빨리 해결되었고, 회사에서 기웅 씨의 빠른 복귀를 요구하자 기웅 씨는 4개월 만에 육아휴직을 끝내고 복귀하는 선택을 했다.

기웅 씨의 직장은 남녀비율이 반반 정도이었다. 여성 비율이 높은 편이어서 육아휴직은 흔히 있는 일이다. 그렇다고 남성이 육아휴직을 쓰는 경우는 보기 힘들다고 했다. 인력규모도 크지 않은데 휴직자가 있다고 대체 인력을 따로 고용하지도 않아서 한 사람이 휴직을 하면 동료들의 업무부담이 크다고 했다. 자신도 회사의 복잡한 상황이 아니었다면 육아휴직을 신청하지는 않았을 것이라고 했다. 육아휴직 후 복직을 하면서 부서가 변경되는 시스템이기 때문에 육아휴직을 한다는 것은 회사에서 꼭 필요한 사람이라는 인정을 스스로 포기하는 것이라고도 말했다. 남성이 육아휴직을 하면 '자격증 준비하냐, 이직 준비하냐'라는 식의 질문을 받을 것이라고 생각할 만큼 육아휴직자에 대한 부정적인 인식이 만연했다고 한다.

• 다둥이 아빠 구력 7년.
직장의 복잡함을 버리고 일 년간의 육아휴직 결심

아내를 대신하여 육아에 전담할 사람이 절박하게 필요한 상황은 아니었다. 아내가 일을 시작하면서 육아휴직을 바로 하기로 하였으나 회사 사정상 계획보다 2~3개월 늦게서야 육아휴직을 시작하였다. 아내가 일을 시작하고 기웅 씨가 휴직을 하기 전 사이에는 장모님이 세 아이를 돌봐주셨다. 세 아이가 모두 어린이집과 유치원을 다니고 있던 터라서 등하원과 식사를 챙겨주는 것이 주된 일이었다. 어린 아기를 키우느라 24시간 대기가 필요한 시기는 아니었다. 아이가 셋이고 막내가 세 살이 될 정도로 키운 상황이어서 기웅 씨의 육아휴직 기간 동안 담당하는 일은 영유아기 자녀를 처음 키우는 아빠들의 일상과는 달랐다. 기웅 씨가 육아휴직을 통해 담당했던 부분은 아이들 등하원과 막내가 어린이집에서 돌아온 후 놀아주는 일이 컸다. 육아휴직 중에도 집안일을 도와주는 사람이 따로 있었기에 집안일과 육아 전체를 기웅 씨가 담당해야 하는 상황은 아니었다. 기웅 씨의 육아휴직은 영유아기 자녀의 돌봄이라는 불가피한 상황에서 선택되었다기보다는, 복잡한 직장 생활로부터 벗어나 휴식을 택하겠다는 마음에서 선택한 측면이 더 컸다.

• 부산한 아침으로 기억되는 육아,
아이들에 대해 차근히 알아가는 기쁨

집안일을 도와주는 도우미가 있고 아이들도 모두 어린이집을 다닐 수 있을 만큼 컸어도 세 명의 미취학 아이를 돌보는 일은 결코 쉽지 않았다. 육아휴직을 되돌아보면 뭐라고 말할 수 있을지를 묻는 첫 질문에 기웅 씨는 '하루가 정말 짧았어요'라고 말했다. 아침 일곱 시경에 일어나서 아이들이 뭐라도 먹도록 한 곳에 밥을 비벼놓거나 김에 싸놓고 세 아이를 먹이고 나갈 준비를 시켜 한 차에 태운 다음 첫째와 둘째를 같은 유치원에 내려주고 돌아오는 길에 집 근처 어린이집에 막내까지 내려주고 와야 했다. 마치고 나면 10시도 안 된 시간이지만 '하루가 끝났다'는 생각이 들 정도라고 했다. 두 살 터울의 세 아이를 등원시키는 아침 시간은 직장인들이 타이트한 하루 일과를 보내며 느꼈던 긴장과 속도감으로 집약된 시간이었다.

육아휴직 전에는 "가사일은 좀 도와준 것 같지만, 어차피 와이프가 집에 있으니까 애 보고 그런 거는 신경을 안 썼던 것 같다"고 말할 만큼 저녁이나 주말에만 잠깐씩 아이들을 돌본 정도이었다. 아이와 함께하는 시간이 짧고 항상 이차적인 책임만 맡던 상황에서, 육아휴직을 시작하자 주양육자로서 육아를 전담하는 상황이 되었다. 기웅 씨는 육아휴직을 통해 얻은 가장 큰 수확은 아이들과의 관계가 특별해진 것이라고 했다. 아이와 시간을 충분히 보내면서부터 아이가 가지는 고유성을 알게 되었다. 기웅 씨는 "첫째 둘째 셋째가 색깔이 다 다르거든요. 성격도 다 다르고"라고 말하며, 옷을 입을 때, 밥을 차려줄 때, 공부를 시킬 때도 각각의 아이가 얼마나 다른지 세세히 설명해줄 수 있는 아빠로 변모해 있었다. 기웅 씨는 아이 한 명 한 명의 특성을 알아가는 과정에서 느꼈던 즐거움이 얼마나 큰지 말해 주었다. 또 이러한 과정에서 "아이들이 아빠를 대하는 것이 달라졌다는 거, 정말 참 친밀해졌다는 것이 가장 좋은 것 같고"라고 말했다. 아빠와 아이들과의 관계에서 나타난 변화도 중요한 긍정적 포인트였다.

• 인터뷰 후기

기웅 씨는 아이를 돌보기 위해 육아휴직을 선택했다기보다는 직장 내 복잡한 문제가 있었기에 이에 대한 일종의 회피 수단으로 육아휴직을 선택한 경우이었다. 기웅 씨의 아내는 결혼하자마자 아이 셋을 2년 터울로 낳고 육아를 전담하면서 '우울증 같은 게 조금 왔었던 것 같다.' 독박 육아로 육아 스트레스가 많이 쌓여있는 상태이었고 결혼 전 하던 일에 대한 미련이 남아 있었기에, 아내는 풀타임으로 일할 수 있는 기회가 생기자 다시 한 번 일을 해보고 싶은 바람을 보였다. 아내는 최소 6개월을 지원해달라고 요청을 했고 외벌이 가족이었던 기웅 씨는 자신과 아내가 위치를 바꾸어 지내보기로 결정한 것이다. 마침 회사일도 복잡했기 때문에 기웅 씨의 육아휴직 결정은 사실 아내가 맞벌이를 하기로 했기에 가능한 것이었다. 그는 아내의 지원 요청과 부탁으로 육아휴직이 시작되었므로 아내가 고마워할 일이라고 생각했다. 기웅 씨는 남자의 육아휴직에 대해 부정적인 인식이 많다는 것을 느끼고 있었고, 실제 복직 후에도 새 부서에서 일을 몰아줘서 많이 힘들기도 했기에 자신의 희생과 양보가 있었다는 생각을 가지고 있었다. 이는 아빠의 육아휴직이 아이나 아빠 자신보다는 아내를 위한 것이라는 인식이 있음을 보여준다. 다만, 남성 육아휴직자의 급증세와 함께 이러한 인식에 변화도 생겨나리라 기대된다.

맞벌이 부부가 아닌 경우에도, 아빠들의 육아휴직을 활성화할 수 있는 방안에 대해서도 깊이 고민해볼 필요가 있다. 기웅 씨는 "육아휴직은 (애들이) 어렸을 때보다 정말 조금 커서 쓰는 게 좋은 거 같아요"라고 말했다. "육아휴직의 가장 큰 이득이 아이와의 유대감이나 친밀감 증가"인데 아이가 너무 어리면 이게 어렵다고 보았기 때문이다. 앞서 신영기 씨가 너무 어린 자녀와는 상호작용이 어려워 외로움과 고립감을 느꼈던 것과 맥을 같이 하는 답변이기도 하다. 아빠가 자녀의 유년 시절에 함께 흠뻑 빠져있는 시간을 가져보는 것은 아이에게도 아빠에게도 모두 의미 있는 일이다. 그리고 이러한 제도적 장치가 특정 가족 형태나 소득 수준에게만 국한되지 않고 보편적으로 누릴 수 있는 혜택이 될 수 있는 것이 필요하다. 일 년간의 긴 육아휴직이 어렵다면 한두 달의 짧은 기간이라도 모든 아빠들이 육아휴직을 할 수 있다면 좋지 않을까? 엄마들은 90일간 출산 전후휴가를 갖는데 아빠들에게도 이런 시간이 필요하지 않을까?

4. 아이 하나와 둘은 달라요. 아이 둘 육아는 정말 어려운 일이죠

• 다섯 살과 15개월 두 아이를 돌보기 위해 육아휴직 중인 대기업 기술팀 양석준 씨

80년생 양석준 씨는 큰 아이가 다섯 살, 작은 아이가 15개월이 된 2018년 7월부터 육아휴직을 사용하였다. 인터뷰를 진행하는 시점에는 육아휴직을 6개월째 사용 중에 있었다. 석준 씨의 회사는 가족친화적인 제도가 잘 정착되어 있는 환경이었다. 2018년부터 PC-off 제도를 시행하고 있었고 정시 퇴근하는 문화도 정착되어 있었다. 시차출근제도도 시행되고 있어서 출근과 퇴근 시간을 유연하게 정할 수 있었다. 직장 내에서 남자들도 육아휴직을 쓴 사람이 드물지 않았다.

아내는 같은 회사를 다니고 있었다. 큰 아이만을 돌볼 때에는 아이의 어린이집 등하원을 부부가 분담하였다. 석준 씨는 아이 하원을 담당하여 8시에서 5시까지 근무를 선택하였고 아내는 아이 등원을 담당하여 이에 맞춰 근무시간을 조정했다. 이렇게 부부는 회사 내의 가족친화제도를 적극 활용하여 회사 일과 육아를 병행할 수 있었다. 하지만 둘째가 태어난 이후에는 다른 방식이 더 필요했다. 아내가 둘째 출산 후 출산휴가와 육아휴직을 15개월 동안 사용했다. 그리고 아내의 복직 시기에 맞춰 석준 씨가 육아휴직을 이어쓰기로 결심했다. 말도 아직 잘 못하는 둘째를 어린이집에 보내는 게 안심되지 않았고, 조부모로부터 도움을 받을 수 있는 처지도 아니었기 때문에 아빠인 석준 씨가 돌볼 차례라는 생각이 들었던 것이다. 그래서 일단은 부모가 모두 육아휴직제도를 사용하여 '두 아이 돌보기' 미션을 수행하고 있었다.

• 아이들 깨워서 밥 먹여 어린이집에 보내는 아침이 하루 중 가장 힘든 시간

석준 씨는 육아휴직을 사용하기 전부터 자녀 양육과 가사일을 아내와 제법 잘 분담해왔다고 생각했다. 아내가 아이를 돌보는 동안에는 석준 씨가 가사일을 하고, 석준 씨가 아이와 놀아주는 동안에는 아내가 가사일을 하며 지냈기 때문이다. 그런데 막상 육아휴직을 해보니 아이를 돌본다는 것은 아내가 집안일할 때 잠깐 아이와 놀아주는 정도와는 완전히 다른 차원임을 알게 되었다. 퇴근 후에 아내와 나눠하던 돌봄은 아주 작은 일부에 지나지 않았다. 육아휴직을 통해 알게 된 아이 돌봄은 '시작부터 끝까지'를 하루 종일 반복해야 하는 일이었다. 특히 기존에 안 해봤던 일들까지 다 해야 하는 것이 석준 씨에게는 힘든 일이었다.

잠깐 동안 한 아이를 보는 것과 두 아이를 계속해서 보는 것에는 큰 차이가 있다고 말했다. 아이를 깨워서 어린이집에 보내는 아침은 육아휴직을 하고서 처음 해보는, 하루 중 가장 힘든 시간이었다. 정해진 시간 내에 두 아이를 씻기고 밥을 먹여 어린이집에 보내는 임무를 완성하기란 매일

매일 해도 적응되지 않았다. 아이는 천천히 움직이는데, 아빠는 '혼자만 바빠' 동동거리는 시간인 것이다. 석준 씨는 누구보다도 혼자서 아이를 돌본다는 것이 얼마나 힘들고 외로운지를 알게 되었다고 한다. 그는 육아가 힘들다는 것을 아는 것 자체가 육아휴직의 큰 장점 중의 하나라고 했다. 그 덕에 집에서 아이를 혼자 본 아내의 입장을 온전히 이해하게 되었다. 아내뿐 아니라 세상의 다른 엄마들도 이해할 수 있게 되었다고 한다.

석준 씨에게 아이를 돌본 육아휴직 기간이 힘들기만 한 것은 아니었다. 함께 오랜 시간을 같이 있어 보니 아이를 좀 더 이해하게 되었고, 아이와 친해졌다는 느낌도 커졌다. 함께 보낸 시간만큼 주파수가 아이에게 맞추어져 아이에게 관심이 더 많이 가고, 아이의 예쁜 행동을 더 잘 포착하게 된다. 그래서 아이가 새록새록 더 예뻐 보인다. 아이가 크면 부모와 함께 있으려고 안 할 것이기 때문에 지금 아이랑 함께 놀고 보내는 시간이 소중하게 느껴진다. 업무에 복귀하게 되면 아이와 함께 충분히 오랜 시간 볼 수 없는 게 벌써부터 아쉽게 느껴진다. 석준 씨는 이렇게 아이를 돌보는 경험을 통해 내가 아닌 사람에 대해 관심을 쏟고 반응하고 배려하게 되면서 '더 어른이 된 느낌'도 받았다.

• 인터뷰 후기

석준 씨의 육아휴직 사용 목적은 온전히 자녀를 돌보는 데 있었다. 육아휴직 기간에는 아이들에게만 집중하고 있었다. 두 아이를 어린이집에 보내고 10시에 인터뷰 장소에 나온 석준 씨는 하루 일과를 다 끝내고 온 사람처럼 지친 모습이었고, 연신 힘들다는 말을 반복했다. 사실 석준 씨의 경우에는 육아휴직을 사용하는 데 회사 내부에서의 압력이나 장애요인은 없는 편이었다. 업무공백을 걱정할 필요가 없는 상황이었고 육아휴직 사용에 걸림돌이 되는 금전적인 부담도 없는 편이었다. 회사의 임금대체율도 좋은 편이고, 아내가 같은 회사에서 근무하고 있었기 때문에 경제적으로 어렵게 느끼지 않았다.

육아휴직을 하는 데에 있어서 어려움은 실제 아이를 돌보는 일 자체에 있었다. "애 엄마가 버럭 소리칠 때는 이유가 있구나!" 싶었다. "내가 이렇게 성격이 나쁜 사람이었나?" 하고 반성할 때도 있었다. "굳이 이렇게 화를 냈어야 됐나?" 하고 지나고 나서 후회할 때도 많았다. '돌봄'이 특정 시간에 아이랑 놀아주는 것이나 특정 행위—아이 밥을 챙겨주거나 등하원을 시켜주는 것—에 국한되는 것이 절대 아니라는 점을 석준 씨는 강조했다. 특정 시간에 특정한 일만 하는 것이라면 쉽겠지만, 주 양육자로서 아이들을 돌본다는 것은 한 번도 안 해봤던 살림 전체를 다 할 수 있어야 가능한 일이었다. 또한 직장 일처럼 미리 계획을 정하고, 정해진 순서에 따라 행해서 되는 일도 아니었다. 육아휴직 초기에 갑작스레 둘째애가 감기에 걸려서 어린이집을 못 가게 되니 집에서 하루 종일 둘째를 돌봐야 한 적이 있었다. 이미 진이 빠질 대로 지쳐 있는데 어린이집에서 돌아온 첫째는 자기와 안 놀아준다고 짜증을 냈다. 옆에선 몸이 아픈 둘째가 낮잠을 쉬이 자지 못하고 칭얼댔다. 결국 큰애도 감기에 옮아 하루 종일 두 아이들과 집에서 있어야 했다. 석준 씨가 '제일 힘들었던 때'로 기억한 날들이다. 육아휴직 후 '좀 덜 힘들어졌다'고 말하기까지 석 달은 걸린 것 같다고 하였다. 그쯤 되니 살림도 손에 익고 아이와 같이 보낸 시간도 충분히 늘어 이 생활에 어느 정도 익숙해진 상태가 되었다.

석준 씨 부부는 부모가 계속 아이와 놀아줄 수는 없는 일이고 '우리의 자유를 위해서라도' 아이들끼리 놀 수 있게 둘 이상은 낳아야 한다고 생각했다. 기다리던 둘째를 얻었음에도 막상 아이 하나를 키우는 것과 둘은 천지 차이라는 언급을 석준 씨는 많이 하였다. "큰 애만 봤으면 육아와 살림이 힘든지 몰랐을 거예요", "큰 애만 봤으면 여유도 진짜 많았을 것 같아요"라고 말했다. "애 한 명일 때는 애 어린이집 보내놓고 (아내와) 둘이 같이 휴가내서 놀러가고 그랬는데, (아이가) 둘이 되니 이게 어려워요"라고 하였다. 옛날에는 '남아도는 게 시간'이었는데, '나만의 시간'을 마련한다는 것이 쉽지 않고 그만큼 순간순간을 소중하게 여기게 된 점도 두 아이의 아빠 노릇을 하며 석진 씨가 배운 것이다.

석진 씨에게 '나만의 시간'을 포기하면서도 두 아이를 돌보며 얻은 것은 무엇인지 물었다. "애랑 있으면 좋아요. 더 어른이 된 것 같기도 하고. 나만 생각하지 않은 것도 좀 있는 것 같아요... 애가 있으니까 더 많은 걸 경험하는 것 같아요, 인생에서"라고 답했다. 자신이 관심을 가지는 부분이 넓어지고, 경험하는 것이 많아지며, 이해의 정도가 깊어진다고 느끼는 것이었다. 옛날에는 전혀 눈에 들어오지 않았는데 지나가다가 애를 보면 자동으로 '쟤는 몇 개월쯤 되겠네' 싶고, 그 아이는 뭘 입었는지, 유모차는 뭘 쓰는지까지도 눈에 들어오는 식이다. 공공장소에서 칭얼거리는 애를 보면 짜증이 나기보다는 애가 뭐가 불편한가 살피게 되는 것도 그러하다. 이러한 석진 씨의 관점과 태도의 변화는 두 아이의 아빠로서 충분한 시간을 보내면서 만들어진 것일 테다.

5. 가장 가까운 사람과 가장 많은 시간을 나눠야 행복할 수 있어요

• 16개월 딸을 돌보기 위해 육아휴직을 하고 있는 이수명 씨

40세인 이수명 씨는 공기업에 다니고 있다. 아내도 회사를 다니는데 딸 아이 출산 후 15개월간 출산전후휴가에 이어 육아휴직을 했고 직장으로 복귀한 지 한 달 정도 되었다. 아내가 복직을 할 때 두 살배기를 누가 볼지에 대해 잠깐 고민을 했다. 수명 씨의 아버지는 결혼 전에 돌아가셨고 어머니 홀로 지방에 살고 계신다. 아내의 친정도 지방이어서 처가의 도움을 받기도 어려운 상황이었다. 두 살밖에 안 되는 어린 애를 남의 손에 맡기는 것은 수명 씨가 싫었다. 가족이 행복하려고 돈을 버는 건데 아이랑 함께 보내는 시간이 많지 않다는 점은 수명 씨에게 늘 아쉬운 점이었다. 돈으로는 절대 해줄 수 없는 게 많고, 아이와 보내는 시간이 무엇보다도 중요하다고 수명 씨는 일찍부터 생각하고 있었다. 그래서 아빠인 수명 씨가 육아휴직을 하고 아이를 돌보기로 마음먹었다.

인터뷰 당시 수명 씨는 육아휴직을 시작한 지 얼마 되지 않았다. 그는 아내가 지금까지 했던 하루 일과를 인계 받아 그대로 따르는 중이었다. 아내는 아침 7시에 일어나 아이 먹일 재료를 손질해 냉장고에 넣어 두고 냉장고 옆 메모판에 오늘 아이에게 무엇을 먹여야 하는지와 지시 사항을 적어둔다. 아이와 비슷하게 9시 전후 일어나는 수명 씨는 아내의 지시에 따라 음식을 해서 아이랑 함께 밥을 먹는다. 아직 수명 씨는 아이를 혼자서 거뜬하게 돌보고 달랠 수 있는 단계에는 이르지 못했다고 했다. 조금씩 조금씩 아이와의 외출을 시도해보는 중이었다. 집 앞 도서관과 집 앞

공원 정도가 딸과 단 둘이서 나가 본 가장 먼 곳이었다. 혹시나 진짜 멀리 나갔다가 아이의 상태가 바뀌고 달래기 어려운 상황이 벌어질까봐 시도해보지도 못한 것이다. 어딘가 멀리 다녀오는 것이 아니어도 수명 씨는 충분히 바쁘고 피곤해 했다. 육아휴직을 하고 나서는 하루 종일 아이를 보느라 늘 시간이 없다고 느꼈다. 일어나자마자 아이보길 시작해서, 밥 먹고, 씻기고, 집안 일 조금 하다보면 벌써 밤 9시라고 했다. 수명 씨도 피곤해서 이내 따라 잠이 드는 일상이 반복되었다.

• 몸도 마음도 힘든 육아지만 아이에겐 엄마와 아빠의 보살핌이 중요

수명 씨가 육아휴직을 하고 아이를 돌보기로 결심한 것에는 여러 가지 이유가 있었다. 먼저 돌이 지난 아이를 어린이집에 보내고 싶지 않은 이유가 컸다. 어른들께서는 어린이집에는 늦게 보낼수록 좋다는 말씀을 종종 하셨다. 뉴스에서 접하는 어린이집 아동 학대 사건을 보면 부모가 아이를 보는 것이 제일 좋겠다는 생각이 절로 들었다. 그리고 아빠의 육아휴직이 괜찮은 선택이라는 추천을 받기도 했다. 수명 씨의 직장에는 일년간 육아휴직을 사용한 남자 동료가 있었는데 그 기간이 참 좋은 경험이었다고 추천한 것이었다. 그래서 흔한 케이스는 아니지만 자신이 아내에 이어 육아휴직을 하고 아이를 돌보기로 결심하였다.

수명 씨의 아버지는 늘 바빠서 집에서 얼굴 보기 어려운 분이었다. 그래서 성인이 되어서까지 아버지와는 데면데면한 사이였다. 결혼은 생각도 안 했는데 늦은 나이에 결혼을 하고 막상 딸을 낳고 보니 아이랑 함께 보내는 시간이 늘 부족했다. 아이를 품 안에서 오래 기르고 싶은 마음이 생겼다. 자신의 아버지처럼 아이에게 멀고 어려운 사람은 되고 싶지 않다는 마음도 컸다. 적어도 세 살까지는 아이를 집에서 돌보는 게 필요하고, 무엇보다도 수명 씨는 다시 돌아오지 않을 딸의 어린 시절을 함께 하고 싶었다.

수명 씨 직장은 공기업이어서 육아휴직을 비교적 자유롭게 쓸 수 있는 환경이었다. 육아휴직으로 인한 불이익도 거의 없다고 느꼈다. 회사에서 남자가 육아휴직을 쓴다고 해서 이직을 준비한다고 오해할 사람도 없을 것 같았다. 그저 '아이 봐줄 사람이 없는 모양이구나' 정도로 생각할 것이라고 여겨졌다. 물론 복직할 때 상대적으로 피하고 싶은 곳으로 발령 받을 가능성은 있지만 심각하게 문제될 정도는 아니다 싶었다. 수명 씨는 회사에서 급하게 요청하지 않는 한 육아휴직 1년은 채워서 쓸 생각이다. 아이를 보며 부모가 느끼는 행복감을 수명 씨는 온전하게 알아가는 중이고, 그걸 많이 느끼고 싶기 때문이다. 물론 육아가 쉬운 일이 아니라는 것도 느꼈다. 몸도 마음도 힘들다. 체력도 젊은 때와 달라서 아이 보는 게 버거울 때가 있다. 하지만 아이가 말이 늘고 행동이 발달하는 걸 보며 느껴지는 행복감은 상상했던 것보다 컸다. 나이가 들면서 열정도 줄고 새로운 흥미도 별로 안 느껴진다 싶었는데, 아이가 주는 행복을 느끼면서 수명 씨는 하루하루가 값진 시간임을 느끼고 있다고 했다.

• 아이를 보며 느끼는 행복감이 있고, 아내와의 관계에는 "대격변"이 일어남

아이를 하루 종일 돌보다 보니 이제는 아이가 아빠를 많이 찾는다. 전에는 엄마부터 찾았던 아이다. 육아휴직 하기 전에도 딸아이와 같이 놀아주기는 했다. 하지만 아이가 먼저 아빠를 찾거나 뭘 하자고는 안했던 것 같다. 하지만 이젠 울면서 아빠를 찾는다. 수명 씨에게 안기면 달래지기도 한다. 아이에게 아빠라는 존재가 자리 잡는 것 같다.

수명 씨는 특히 아이가 자기 목을 감싸고 꼬옥 안았던 순간을 잊을 수 없다고 말했다. 살면서 누군가 나를 애타게 필요로 하는 것을 처음으로 느껴보는 순간이었다. 이러한 시간을 통해 아이는 부모가 봐야 한다는 확신이 수명 씨에게는 더 생기게 되었다. 아이한테 부모만큼 잘 해 줄 사람이 없다고 느끼며, 특히 정서발달에 부모만한 사람이 없다는 생각이 든 것이다. 사랑을 많이 받고 자라야 커서도 행복할 수 있다는 생각이 종종 든다. 이건 돈으로도 사줄 수 없는 것이고 부모가 자녀에게 해줄 수 있는 가장 큰 일이라고 했다. 수명 씨는 "가장 많은 시간을 가장 가까운 사람과 나눠야 행복하다"는 깨달음을 아이와 보내는 시간 동안 스스로 얻었다고 말했다.

아이를 보면 행복하지만 육아가 결코 쉬운 일은 아니다. 스트레스도 많이 받는다. 수명 씨가 육아휴직을 하고 아이를 돌보니, 아내의 육아스트레스가 많이 줄어들고 그러면서 아내 컨디션이 좋아졌다. 더 부드러워지고 덜 날카롭게 되었다고 한다. 한때 연인으로서 부부로서 관계가 남부럽지 않았는데, 아내가 휴직을 하고 아이를 돌보는 동안 다툼이 자주 일어났다. 피곤해서 싸우고, 그래서 피곤하고, 다시 싸우고의 악순환이었다.

그런데 육아휴직 후 아내와의 관계에 "대격변"이 일어났다. 휴직 전에는 아내의 요구 사항이 많았다. 수명 씨를 보면 이것저것 일을 시키려고만 했다. 아이를 돌보는 것에만 바빠할 뿐 수명 씨를 챙겨주는 일은 기대하기 어려웠다.

수명 씨가 육아를 맡게 되자 아내가 수명 씨를 배려해주는 게 느껴졌다. 아내가 집에 와서 밥을 먹고 나면, 그간 애 보느라 고생했다고 수명 씨보고 쉬라고 권하거나 먼저 자라고 권한다. 예전에는 집에 있는 날 쉬고 싶은데 아이랑 놀아주라고 하면 피곤하다는 생각부터 들었고 이 때문에 아내와 갈등도 있었다. 하지만 상황이 바뀌고 서로를 이해하게 된 지금은 딱히 싸울 일이 사라졌다. 남편들이 휴직을 하고 아이를 돌보면 우울증 온다는 말을 주변에서 들었다며 수명 씨에게 시간 날 때 영화도 보고 오라고 한다고 했다. 예전에는 휴일이면 무조건 셋이 같이 놀거나 외출을 해야 했지만, 지금은 아내가 아이를 데리고 여동생 집으로 가면서, 수명 씨도 육아로부터 잠시 쉴 수 있는 시간을 가질 수 있도록 해준다. 이렇게 아내와 수명 씨는 서로 배려하고 도우며 관계가 크게 좋아졌다.

• 인터뷰후기

수명 씨는 돌아가신 아버지에 대해 아쉬움을 가지고 있었다. 그래서 자신의 아버지와는 다른 아버지의 모습으로 딸을 키우고 싶어 하는 소망이 있었다. 수명 씨 부모님 세대가 대부분 그러하듯 아버지는 가족들을 위해 바깥일을 하는 사람이었다. 타지에서 직장 일을 하신 아버지를 수명 씨는 어린 시절에 거의 보지 못했다. 사춘기가 되어서야 같이 살기 시작했지만 이미 다 커버린 중학생 아들과 아버지의 관계는 서먹하기만 했다. 철이 들 때쯤 아버지가 일찍 돌아가셔서 부자 간의 정을 제대로 나눠본 기억이 없었다. 그런 아버지임에도 막상 아이를 낳고 수명 씨가 부모가 되어보니 마음 깊이 느껴지는 것이 있었다. 아이를 키우다 보니 순간순간 엄마가 날 봤을 때 이런 마음이었겠구나, 아빠도 이런 마음이었겠구나 하는 생각이 드는 것이었다. 수명 씨는 부모님이 자신을 많이 사랑해주셨다고 생각했다. 다만 어린 시절에는 그걸 제대로 이해하지 못했기에, 자신의 딸은 어릴 때부터 부모의 충분한 사랑을 느낄 수 있도록 해주고 싶어 했다. 수명 씨는 아이를 함께 보며 행복해하고 웃는 시간은 돈으로도 살 수 없는 가장 값진 순간이라는 확신을 가지고 있었다. 아이는 충분한 사랑을 받고, 어른들이 사랑을 줄 수 있는 이 순간이 중요한 것이다. 수명 씨는 확신에 차서 여러 번 말하였다. "가장 가까운 사람과 가장 많은 시간을 나눠야 행복할 수 있어요"라고.

6. 직접 키워보니 아빠라는 걸 실감해요

• 휴직기간 동안 두 아이 아빠가 된 소프트웨어 개발자 주동현 씨

81년생 주동현 씨는 첫째 아이가 네 살이고, 둘째를 임신한 지 6개월 되는 시점에 육아휴직을 시작했다. 같은 회사를 다니던 아내는 첫째 아이 때는 출산전후휴가에 이어 육아휴직을 온전히 써서 15개월간 일을 쉬면서 아이를 돌볼 수 있었다. 하지만, 둘째를 낳고는 팀의 사정상 3개월 휴가 후 바로 복직해야 했다. 동현 씨는 육아휴직 기간 동안 아내 임신, 출산과 산후조리기를 같이 보냈고, 둘째 백일 즈음부터 6개월까지는 홀로 아이를 돌보다가 일 년 육아휴직을 마치고 복귀하였다.

동현 씨는 대기업의 소프트웨어 개발자다. 동현 씨가 속한 팀은 40명 정도 되지만, 두세 명이 하나의 업무를 담당하고 있어서 다른 사람이 동현 씨의 일을 대체하기는 쉽지 않았다. 조직문화는 매우 유연한 편이다. 자유 출퇴근제라서 하루 최소 근무 시간이 정해져 있고 한 달 총 근로시간만 채우면 되는 방식이다. 회사 내의 남자 직원들도 육아휴직을 꽤 많이 사용하고 있었다. 동현 씨도 육아휴직을 신청하는 일은 수월했다고 말했다. 회사에는 상사에게 한 달 전쯤 휴직을 할 예정임을 말해서 업무를 인수인계할 수 있도록 하는 정도의 준비만으로 충분했다고 한다.

동현 씨 부부의 첫째는 네 살이 될 때까지 동현 씨 부모님이 전적으로 맡아 주셨다. 부모님 댁 근처에 살면서 출근할 때 아이를 맡겨놓고 밤에 다시 데려오는 생활을 했다. 아이가 세 살이 되어 어린이 집을 다니면서부터는 아이 밥을 먹이고 등하원을 시키는 것도 부모님이 해주셨다. 그래서 지금도 첫째에게 1순위는 할머니이다. 어떤 날은 집에 안 오고 할머니와 있으려고 해서 동현 씨 부부가 속상했던 적도 있다. 부모이어도 아이의 마음에 1순위가 아니다보니, 둘째 때에는 애착이 생기는 시기를 놓치지 말고 부부가 직접 키워보겠다는 생각이 컸다. 아내가 회사 사정상 육아휴직이 어렵게 되자, 대신 아빠인 동현 씨라도 육아휴직을 신청하여 둘째 영아기 동안에는 부모가 직접 키우기로 결심하였다.

• 아이를 직접 키우며 부모의 애착도 키운다

육아휴직 전까지 동현 씨는 집안일을, 아내는 육아를 주로 담당했다. 동현 씨는 남자라서 아무래도 육아에 서툴다고 생각했다. 아이를 씻기고 책 읽어주고 재우는 모든 일을 아내가 했다. 동현 씨는 그저 요청하면 '도와주기'를 할 뿐이었다. 막상 육아휴직을 하고 하루 종일 아이를 돌보게 되자 곁에서 돕기만 했던 육아와 실제 하는 육아는 매우 다름에 놀랐다고 한다. 첫째 때에는 해보지 않은 밤중 수유를 둘째 때에는 동현 씨가 맡아 했는데, 잠을 못자며 지낸다는 게 정말 어려운 일임을 알게 되었다. 육아휴직 동안 하루 일과는 3시간 단위로 틀이 짜여 있었다. 수유를 3시간마다 하고, 사이 시간에 젖병을 씻고, 아이 빨래를 따로 하고, 쉼 없이 아이를 돌봐야 하는 시간이 밤중까지 이어졌다. 아이가 조금 커서 눈을 맞추고 놀아 줄 수 있는 시기가 왔지만 아이랑 놀아주는 일도 힘들었다. 30분 이상 아이와 함께 놀기가 쉽지 않았다. 가장 큰 문제는 동현 씨는 금방 시들해지는 일을 아이는 재미있어 하며 계속해서 반복한다는 점이다. 재미있어하는 지점과 속도가 다르니 그저 놀아주는 것이지 함께 노는 것은 분명 아니었다.

그래도 둘째는 하루 종일 동현 씨가 직접 돌본 아이라서 친밀감이 더 크다고 느꼈다. 동현 씨는 스스로 '직접 키운' 둘째에게 아무래도 애착이 더 가는 것 같다고 하였다. 첫째랑 둘째의 성격이 다른 것도 있겠지만, 둘째가 동현 씨에게 더 기대고 친밀하게 대하는 것도 한 몫을 한다. 어차피 관계는 상호 간의 주고받음으로 만들어지는 것이니 상대가 살갑게 대하고 좋아하면 내 쪽에서도 그러한 마음과 행동이 표현되는 것이다. 첫째에게는 항상 할머니가 최고이지만 둘째에게는 아빠가 최고인 것 같아 뿌듯했다.

동현 씨는 아이들과 이만큼 시간을 보낼 수 있는 기회가 앞으로도 평생 없을 것 같다고 말했다. 일 년간의 육아휴직은 동현 씨에게 굉장히 좋은 경험이었는데, 특히 직접 육아를 해보니 '욕심을 내려놓는 것'을 배운 것 같아서 그렇다고 한다. 일단 아이가 부모 마음대로 되는 게 아니구나를 알게 되었고, 아이마다 참 다르다는 것도 알게 되었다. 아이는 컨트롤한다고 마음대로 되는 존재가 아니다. 부모로서 아이가 무엇을 잘하고 못하는지를 파악하는 게 매우 중요하다는 생각을 하게 되었고, 이것저것 시키기보다는 아이를 옆에서 잘 관찰해 주는 게 사실 더 중요하다고 동현 씨는 생각하게 되었다.

휴직 전까지는 동현 씨가 육아에 많아 참여하지 못해서 종종 아내가 서운해 했다. 하지만 동현 씨가 육아휴직을 하자 아내의 삶의 만족도는 높아졌다. 동현 씨가 밤에 아기를 돌봐주기 때문에 아내가 편하게 회사를 다닐 수도 있게 되었다. 시부모님께 부탁드리느라 늘 죄송했던 마음도 아빠가 돌보는 것으로 바뀌니 훨씬 줄어들 수 있었다. 아내는 아이를 엄마가 직접 돌보지 못하는 것에 대한 죄책감을 가지고 있었는데, 부모의 다른 한 축인 아빠가 돌봄 책임을 맡자 아이에게 갖는 죄책감도 덜 수 있었다고 한다.

첫 아이가 네 살이 될 때까지도 머리로만 부모였고 자신이 부모라는 사실이 동현 씨에게는 와 닿지 않았던 것 같다. 하지만 육아휴직을 마친 지금, 동현 씨의 마음가짐과 실제 생활모습은 많이 바뀌었다. 아내가 먼저 출근하고 동현 씨는 아이 아침을 먹이고 등원을 시킨 후 출근을 하는데 아이와 종종거리며 아침을 보내고 출근을 하다보면 새삼 '나는 이제 부모구나!'라고 느낀다. 육아휴직을 통해 그간 '일이 주(主)'라고 생각했던 것을 내려놓는 계기도 되었다. 이젠 삶에서 일보다 '가정이 더 주(主)'라는 생각을 갖게 되었다. 삶을 살아가는 데 여유가 생기고 스스로의 삶을 돌아보는 기회가 된 것이다. 그래서 동현 씨는 주변에 육아휴직을 해보라고 권한다고 한다.

• 인터뷰 후기

동현 씨는 부모님으로부터 육아 도움을 많이 받은 케이스이다. 육아휴직 기간에도 아이의 조부모와 함께 살면서 아이를 함께 돌보는 상황이었다. 자녀가 둘이지만, 첫째는 전적으로 할머니가 돌봐주었기에 첫째 자녀와의 상호작용도 그리 많지 않았다. 이러한 나름의 시행착오 끝에 둘째는 부모가 직접 키우겠다는 생각이 매우 컸던 것으로 보인다. 그리고 마음먹었던 대로 둘째를 동현 씨가 '직접' 집중적으로 돌봐줌으로써 둘째에 대한 애착이 더 깊고 차이가 있다고 표현했다. 인터뷰 당시 육아휴직을 마치고 직장에 복귀한 지 2년 정도 됐던 터라 육아휴직 기간 동안 했던 일들이 생생한 기억으로 남아 있지는 않은 듯했다. 그럼에도 불구하고 영아기 자녀 부모들이 공통으로 이야기하는 수면 부족으로 힘들었던 상황에 대해서는 생생하게 이야기 했다. 영아기 자녀를 돌보는 것이 힘든 이유는 자신에게 전적으로 의지하는 아이를 24시간 곁에서 돌봐야 하고, 이로 인해 자기 의지대로 쓸 수 있는 시간이나 여유가 없기 때문이다. 하지만 자녀를 돌보는 시간. 돌봄을 온전히 경험해 본 순간들이 부모라는 정체성을 만들어준 것 같다. 동현 씨의 경우 언제 내가 아빠구나!라고 느꼈는지를 묻는 질문에 아이를 위해 밥을 하고 유치원에 데려다 주고 하는 부모만이 하는 지극히 일상적인 행위를 할 때라고 답하였다. 매일매일 반복되는 '직접 경험'이 쌓이면서 아빠로서의 정체감을 머리로 생각하는 것이 아니라 몸으로 실감하게 된 것이다. 이로 인해 일을 먼저 생각했던 과거와 달리, 함께 사는 자녀가 있는 가정을 무엇보다 중요하게 생각하게 되는 것으로 삶의 태도가 변화하게 되지 않았을까.

7. 해보고 싶은 것을 다 해보는 재도약의 시간이었어요

• 외벌이 가족의 두 아이의 아빠 장준형 씨

84년생 장준형 씨는 첫째 아이가 여섯 살이 되던 2017년 10월에 육아휴직을 시작했다. 육아휴직 중 둘째가 태어났고 둘째가 3개월이 될 즈음에 회사에 복직했다. 인터뷰는 준형 씨가 복직하고 3개월이 지난 시점에 이루어졌다.

준형 씨는 IT업계 대기업에 다니고 있다. 주 52시간 근무와 PC-off제, 선택형 근무제가 실시되고 있어서 야근에 대한 부담도 없고 전반적으로 유연한 가족친화적 조직이었다. 아내는 다니던 직장이 있었는데 첫째 아이 출산 후 퇴직했다. 준형 씨 부부는 아이에게 제일 필요한 사람이 엄마라는 점에 동의했고, 아내가 육아를 전담하기로 하면서 퇴직을 결정한 것이었다.

아내가 전업주부로서 육아를 주로 담당하고 있었고, 둘째가 태어난 후에도 입주해서 산모와 아이를 돌봐주는 분이 있었기 때문에 아이 돌볼 사람이 없어서 아빠가 육아휴직을 결정한 것은 아니었다. 그렇다고 이름만 육아휴직으로 하고 이직을 목표로 한 경우도 아니었다. 만 8세 미만의 아이가 있을 때 사용할 수 있는 육아휴직제를 활용하여 회사를 다니면서는 병행하기 어려웠던 다양한 경험을 해보고자 휴직을 결정한 것이었다. 외벌이로 있다가 휴직을 하면 경제적 타격이 크기 때문에 남성 육아휴직은 대부분 맞벌이 가정에서 이루어진다. 준형 씨 사례는 이와 달랐다. 준형 씨는 휴직 후에도 소득에 큰 걱정은 없다고 했다. 회사일 외에도 임대업과 그 외에 본인의 사업을 갖고 있어서 경제적인 어려움을 고민하지 않았다. 직장은 진급체계가 없어서 육아휴직을 한다고 해서 승진에 불리할 것도 없었다. 마침 준형 씨의 업무를 대체할 경력직 직원이 팀에 들어오게 되자 심적인 부담도 없이 육아휴직을 신청하게 되었다.

육아휴직 기간 동안 준형 씨가 맡은 일은 아이 등하원이 제일 컸다. 아이와 함께 아침 6시에 일어나서 유치원 가기 전까지 1시간 정도 놀아주기, 함께 아침밥 먹고 시간이 남으면 놀이터에서 놀다가 8시 20분쯤 유치원 차에 태워서 아이를 배웅하는 일이다. 그리고 나서 준형 씨는 계획했던 공부를 하다가 아내와 점심 식사를 하고 2:40분쯤에 아이를 데려오는 일을 맡는다. 아이는 집에 오면 학습지와 태권도를 마치고 5시쯤에 저녁을 먹으면 7:30부터는 잘 준비를 한다. 준형 씨는 아이가 자는 저녁 시간부터 다시 본인의 공부와 사업에 집중하며 시간을 보냈다. 이렇게 육아휴직 기간 동안 준형 씨는 아이를 등하원시키는 일을 도맡아 하며 아이와 상호작용하는 시간을 늘렸고, 규칙적인 생활을 통해 자신을 위한 시간을 확보하였다.

• 10년을 달려 온 회사 생활보다 바쁘게 보낸 육아휴직 기간

육아는 '명백하게 일'이고 일 중에서도 '힘든 일'이라고 표현했던 아빠들과 달리 준형 씨는 육아휴직을 '쉬는 동안'이라고 계속 표현했다. 그러나 '쉬는 동안' 그는 매우 바쁜 사람으로 지냈다. 부모님의 노후를 준비하고 여러 가지 사업들 중 정리가 필요한 사업들은 정리했다. 첫째 아이에게 취미를 만들어 주려고 아이와 함께 공동으로 무엇인가를 만드는 프로젝트를 진행하기도 했고, 아이와 미술대회에도 함께 나갔다. 취미로 요리도 배우며 '헛된 시간 없이', '진짜 정신없이' 시간을 쪼개어 바쁘게 보냈다고 한다. 요리를 배울 때에는 요리시간에 만든 음식을 집으로 들고 와 반찬으로 며칠 동안 먹기도 했다.

육아를 목표로 한 육아휴직은 아니었지만 그럼에도 불구하고 아이와 함께 보낸 시간이 많았고, 함께 지내면서 '아이의 성향'에 대해서 '더 깊이' 알게 되었다. 어떤 것을 잘하는지 어떤 것을 좋아하는지에 대해서도 알게 되었다. 휴직 전에는 아이가 내성적인 줄만 알았는데, 막상 관찰할 기회가 많아지니 그렇지 않다는 것도 알게 되었다. 아이가 태권도를 배우면서 다른 사람들과 관계를 맺는 방식을 보며 알게 된 사실이다. 이전에는 아이가 원하지 않으면 억지로 시키지 않는다는 교육관을 가지고 있었다. 하지만 이제는 아이의 선호에만 따라갈 것이 아니라 부모가 다양한 경험을 할 수 있도록 기회를 마련해 주는 것도 중요하다는 생각을 갖게 되었다. 그래서 육아휴직 기간 동안 아이와 함께 자전거도 배우고, 아이와 아빠 둘만의 놀이도 만들고, 아이가 자신의 한계를 뛰어넘도록 독려하고 이를 확인하는 시간도 가졌다. 아이와 '공유하는' 추억이 많아지니 '대화할 거리도' 많아졌다. 많은 것들을 아이와 함께 했기 때문에 아이와 관계가 더 '가까워지고' 그만큼 '단단해'졌다고 느낀다. 문이 활짝 열리면 자연스레 많은 것이 들어갈 수 있는 것처럼 아이의 마음의 문이 열릴수록 아빠는 더 많은 추억과 정을 쌓아가게 되는 것이었다. 준형 씨가 육아휴직 기간 동안 이렇게 첫째 아이와 특별한 관계를 만들어 가고 있었기에 아내도 불안해하지 않고 둘째 임신 기간을 수월하게 보낼 수 있었다.

• 인터뷰 후기

준형 씨의 직장은 남성도 육아휴직을 자연스럽게 할 수 있는 분위기였다. 직장 상사들도 좋은 분이 많아 육아휴직에서 돌아오면 '잘 쉬었다'며 인정해준다고 했다. 준형 씨는 육아휴직 기간을 시종일관 '쉬는' 시간으로 표현하였다는 점이 인상적이었다. 다른 인터뷰 참여자들 경우에는 육아휴직 기간을 쉬었다고 표현하는 것에 대해 불편함을 느끼는 경우가 많았다. 일할 때보다도 바쁘고 힘들었다고 말한 사례도 있었다.

준형 씨는 인터뷰 참여자 중에서 아내가 맞벌이를 하지 않는 몇 안 되는 참여자 중에 한 명이었다. 준형 씨는 경제적으로 여유가 있었고, 육아휴직 기간 내내 아내와 함께 지냈다. 아내 혼자 하던 일을 부부가 함께 하니 오히려 여유가 생긴 것이다. 첫째 아이가 5살로 이미 유치원을 다니고 있을 정도로 커서 큰애를 돌보아야 하는 부담도 크지 않았다. 다른 아빠들이 경험한 영아기 자녀를 돌보면서 겪는 힘듦, 특히 밤잠 부족의 어려움 같은 것을 준형 씨는 겪지 않았기에 육아휴직을 동일하게 했어도 전혀 다른 정서적 반응이 나타난 것으로 보인다.

준형 씨의 육아휴직은 자신이 어린 자녀를 돌봐야만 한다는 절실한 상황에서 선택한 것이 아니었다. 그럼에도 불구하고 육아휴직은 그에게 아빠로서의 삶, 남편으로서의 삶, 자기 자신으로서의 삶을 다지고 재정비하는 시간으로서 의미가 있었다. 아이와 함께 보내는 시간의 절대량이 중요하다는 것은 준형 씨의 사례에서도 드러났다. 아이와 함께 하는 '시간'이 늘어남수록 아이를 더 잘 알게 되고 이를 바탕으로 '아이와의 유대가 공고'해지는 모습을 볼 수 있었다. 준형 씨가 아이들의 '아빠' 역할을 충실히 해내면서 아내의 정서적 안녕감에도 긍정적인 영향을 준 것은 또 하나의 수확이었다.

8. 꿀 같은 시간이었죠

• 둘째 다섯 살에 이직을 고려하며 육아휴직을 했던 김진영 씨

80년생 김진영 씨는 2009년생과 2013년생 두 아이의 아빠로 외국계 기업 영업팀에서 일하고 있었다. 육아휴직은 둘째 자녀가 만 세 살이던 2016년 4월부터 10월까지 6개월을 사용한 후, 2016년 12월에서 2017년 6월까지 다시 한 번 6개월을 사용하였다. 진영 씨가 육아휴직을 했던 시기는 다니던 회사가 매각과 병합을 하던 과도기로 업무 부담이 많지 않아 휴직자가 생긴다고 해서 조직에 부담을 주는 상황은 아니었다. 진영 씨가 육아휴직을 마치고 업무에 복귀했을 때에는 외국계 기업으로 변화가 이루어졌고, 예전보다 자유로운 기업 문화 속에서 일을 다시 시작하게 되었다 했다. 조직이 바뀌었어도 구성원은 변하지 않았고 개편 초기라서 업무도 많지 않아 복직 후 적응에는 어려움이 거의 없었다. 진영 씨의 아내는 외국계 회사에서 대리점을 관리하는 업무를 담당하였고, 정시 출근과 정시 퇴근으로 직장생활 패턴이 규칙적이었으나 출퇴근거리가 먼 편이었다. 그래서 진영 씨네 근처에 사시던 진영 씨 부모님들이 아이들을 전적으로 돌봐주시는 상황이었다. 진영 씨 아내는 밤 9시 전에는 시부모님을 '퇴근'시켜드리는 것을 목표로 집에 돌아와 밤에는 아이들을 돌봤다. 반면 진영 씨는 육아휴직 전까지는 아이들이 자고 있는 모습만 볼 수 있을 정도로 퇴근이 늦었고 둘째가 다섯 살이 될 때까지 육아에는 별로 참여해 본 적이 없다. 그러다가 어머니가 다쳐치셔 아이들을 돌볼 사람이 당장 필요한 상황이 되자, 마침 M&A로 뒤숭숭한 분위기의 회사에서 잠시 나와 이직 준비를 해볼 겸 육아휴직을 결정하게 되었다.

• 다른 아빠들보다는 상대적으로 쉽게 한 육아 경험

육아휴직 기간 동안 진영 씨는 아이들을 깨우고, 씻기고, 아침을 먹이고 유치원과 학교에 보내는 일을 담당하였다. 근처에 사시는 부모님이 아이들 챙기는 것을 도와주셨다. 아빠 홀로 애들 아침을 챙기는 것이 '불안했던' 할머니는 힘드시더라도 늘 낮에 와서 반찬을 준비해 주고 가셨다.

아빠가 첫째 아이를 학교에 보내고 오는 사이에 할아버지는 둘째 아이가 혼자 집에 있지 않도록 함께 있어주셨다. 자녀의 등하원 시간에 진영 씨가 약속이 있기라도 하면 대신 등하원을 해주시기도 했다. 아이들이 어느 정도 커서 아기 돌보는 것처럼 24시간 눈을 뗄 수 없는 상황도 아니었고, 가까이에 살며 적극 도와주시는 부모님이 계셨기에 진영 씨는 다른 아빠들에 비해서는 상대적으로 쉽게 육아를 한 것 같다고 말하였다.

진영 씨는 아이들을 등교시키고 나면 친구를 만나서 점심도 같이 먹고 영화를 보기도 하면서 개인 시간을 가진 적이 있다고 말했다. 그래서 진영 씨는 이 시기를 '꿀 같은 시간'이었다고 표현했다. 진영 씨는 육아휴직 기간 동안이 힘들거나 어렵지 않았다고 했고, 육아휴직은 아이와 함께 할 추억을 만들 수 있는 것이므로 추천할 만하다고 매우 긍정적으로 생각하고 있었다.

육아휴직기간 동안 진영 씨는 아침밥을 해서 아이들을 챙겨 먹이고, 아내가 큰 아이를 챙기는 동안 어린이집에 가는 작은 아이를 주로 맡아 챙기는 일을 했다. 부부가 일을 분담해야만 돌아가는 정신없이 바쁜 아침들이었다. 과거에는 아이들 잘 때 퇴근하고 주말에도 함께 놀 시간이 없었던 아빠가 육아휴직을 하면서 아이들과 시간을 보내기 시작하자 아빠도 아이들에게 의지할 만한 사람이 되었다. 엄마 없이 어디를 간다는 것은 불가능했는데, 이제는 엄마는 집에서 쉬고 아빠와만 함께 놀러 나가는 것도 가능해졌다. 아빠도 자기들 옆에 있어주는 사람이 된 것이다. 작은 애는 글자를 배우기 시작하면서 삐뚤빼뚤한 사랑쪽지를 종종 엄마한테 전했다. 진영 씨는 한 번도 받아본 적이 없었다. 그런데 육아휴직을 하고 아빠와 함께 하는 시간이 늘면서 진영 씨도 사랑쪽지를 받기 시작했다.

아이들이 진영 씨를 따르고 의지하게 되었을 뿐 아니라 진영 씨도 아이들에 대해 좀 더 자세히 알게 되었다. 직접 키우며 지켜보니 이전에는 몰랐던 것을 알게 되는 경우가 종종 생겼다. 물론 이전에도 아내나 부모님으로부터 전해들은 이야기가 많았을 것이다. 하지만 그때에는 와 닿지 않아서 기억에 남아있지 않았다. 휴직 기간 동안 아이를 직접 돌보고 소통하는 시간을 가지니 아이의 고유한 특성을 직접 눈으로 보게 되있고 아이를 더 잘 이해하는 계기가 되었다고 자부했다.

진영 씨가 육아휴직을 통해 아이들을 돌보는 경험이 축적되자 아내의 진영 씨에 대한 인정과 믿음도 커졌다. 이전에는 아이들을 두고 외출해야 하는 일이 생기면 아내는 늘 불안해했다. 아내는 밥과 반찬 준비부터 시작하여 모든 것을 두루 챙겨놓고서야 나가곤 했다. 하지만 이젠 진영 씨에게 맡기고 나갈 정도가 되었다. 그런데 정작 진영 씨는 자신이 주도해서 아이를 돌보는 것에 대해서는 여전히 자신 없어 했다. 혼자 있을 때 아내만큼 아이를 잘 돌볼 수 있을지는 모르겠다고 했다.

• 인터뷰 후기

진영 씨는 육아휴직 동안 아이 돌보는 일을 전담했다는 인상을 주지 않았다. 인터뷰 동안 육아 관련 질문에는 구체적이거나 자세하게 이야기를 하지 않는 편이었다. 진영 씨는 적어도 육아에 있어서는 한 발 물러나 있는 모습을 시종일관 보였다. 육아휴직을 하였지만 육아를 전적으로 책임지기보다는 아내를 돕는 일을 했다는 느낌을 주었다. 진영 씨는 남자와

여자의 역할은 따로 있다고 생각하는 쪽이었다. 아빠가 가정에서 담당하는 역할은 경제적 부양자, 엄마의 역할은 자녀 양육이라는 인식을 갖고 있었다. 그래서 육아에 관한 한 아내가 모든 것을 결정하고 진영 씨는 서포트하는 역할을 담당하고 있었고, 언젠가는 아내가 자녀의 양육과 교육을 전담하기 위해 직장을 그만둘 거라 막연히 생각하고 하였다.

진영 씨는 아내가 육아에 있어서는 책임자이고 자신은 보조자 역할을 하는 것이라고 생각하고 있었기 때문에, 육아에 대한 부담 자체가 크지 않았던 것으로 보인다. 아이를 잘 키우고 있는 것인지 끊임없이 불안해하던 다른 연구 참여자들과는 대조되는 부분이었다. 실질적으로도 진영 씨의 부모님이 아이들을 많이 돌봐주고 계셨기 때문에 다른 육아휴직을 한 아빠들에 비해 어려움이나 힘듦이 덜 드러났던 것으로 보인다. 그래서 진영 씨는 오히려 육아휴직 기간을 '꿀' 같은 시기였고, 금전적으로 손해를 보는 점만 제외하면 '황금기'라고 표현했다. 진영 씨의 육아휴직은 아이를 돌볼 사람이 자기밖에 없다는 절박한 상황에서 시작한 것이 아니었다. 복잡한 직장 상황 속에서 육아휴직을 통해 이직 준비를 해 볼 생각이 있었고, 이직이 쉽지 않다는 점을 알고서는 지쳤던 회사 생활로부터 휴식을 갖는 시간으로 육아휴직을 활용하고자 하는 마음도 있었다. 진영 씨와 같은 경우가 초기 남성 육아휴직자 사이에서 드물지 않았을 것으로 생각된다.

육아휴직의 동기가 자녀 돌봄 자체에 있지 않았음에도 불구하고 진영 씨의 사례를 보면, 자녀와 함께 있는 시간이 증가하면 자녀를 이해하고 소통하는 방법을 익히게 되고 의지할 수 있는 아빠로 자리매김하는 효과가 나타남을 알 수 있다. 또한 직장생활을 병행하면서 자녀를 키우는 아내의 삶을 이해하는 것에도 도움이 되었다. 육아휴직 전에는 아내가 하는 일이 쉽고 편하다고 생각했다. 정시퇴근이 부럽기만 했다. 그러나 육아휴직을 하고 아이를 돌보는 일을 경험해 보니, 아내는 퇴근 후에 다시 출근을 하는 것이라는 생각이 들었다. 집에 와 옷을 갈아입지도, 씻지도 못한 채 아이들의 요구를 들어주고 챙기는 숨 가쁜 하루를 보내고 있음을 알아채게 되었다. 아내에 대한 이해가 한층 깊어진 것이다. 직장에 복직한 후 육아휴직을 한 동료를 바라보는 시선도 바뀌었다. 예전에는 동료 한 명의 부재로 인해 나에게 증가할 업무 부담만 생각했는데, 현재는 동료의 삶이 그려지면서, '아이들 키우며 직장생활 하느라 힘들겠네'라는 생각부터 든다고 하였다. 진영 씨의 육아휴직의 동기가 이직이었어도 일단 육아휴직을 통해 자녀와 함께 하는 시간이 늘고 아내에 대한 이해가 높아지고 나니, 가족 내에서 아빠의 역할과 위치가 재배치되며 아빠의 자리가 생기게 되었다는 점은 흥미로운 결과이었다.

9. 인생에서 제일 좋았던 시간이에요

• 아침 회의를 마치고 육아휴직을 하겠노라 하루 만에 결정한 백화점 바이어 김규영 씨

그간의 직장 스트레스로 '쉬었으면 좋겠다'는 생각을 계속 해오던 규영 씨는 직장에서 소위 대판 '깨지는' 아침 회의를 마치고 나와, 육아휴직을 쓰겠다고 '그냥 탁 질러버렸다'. 아내에게 '나 육아휴직 쓴다'라고 문자를 보내니 아내가 '원하는 대로 해'라고 답했다. 그 자리로 상사에게 가 육아휴직을 쓰겠노라 말했다. 하루 만에 모든 게 결정되었다. 그 때가 큰 아이 28개월, 아내가 둘째 임신 3개월 때였다.

규영 씨 부부는 꾸준히 맞벌이를 하였고, 아내가 고소득 직종에 근무하고 있었다. 육아에 있어서는 아내의 부모님이 전적으로 봐주시는 상황이어서 주중에는 아예 할머니 집에서 아이가 지내고 주말에만 데리고 오는 방식으로 생활을 하고 있었다. 그래서 애를 키우면서도 평일 집안일은 최소화하고, 저녁도 주로 밖에서 먹고 들어오는 식으로 부부만의 생활을 보냈다. 주말에는 금요일 밤에 아이를 데려오고 일요일 밤에 다시 외가댁으로 데려다 주는 3인 가족의 생활을 했다. 하지만 규영 씨가 육아휴직을 시작하고 나서부터는 아이를 데려와 세 식구가 함께 지내기 시작했다.

주말에만 보던 아이를 주중에도 돌보다 보니, 처음엔 '놀아주는 것도 한두 시간이지' 아이와 어떻게 놀아줘야 할지 잘 모르겠고 왠지 모를 죄책감이 들었다고 한다. 자꾸 텔레비전만 보여주고, 자꾸 배달음식만 먹이다 보니 아빠와 지내는 것이 오히려 애한테는 '안 좋을 것 같다'는 생각도 들었다. 결국 육아휴직 두 달 만에 30개월 아이는 어린이집으로 보내게 되었다. 적어도 또래들과 같이 재미있게 놀 수 있으니 좋고 식습관도 잘 잡아줄 것이라 기대했기 때문이다. 첫째가 어린이집에 다니고 둘째가 태어나기 전 약 5개월은 규영 씨에게 개인 시간이 확보된 나날이었다. 그래서 운동도 하면서 지쳤던 생활에 활력을 넣고 삶의 균형이 잡혀가는 것을 느꼈다. 힘들었던 직장 상황에서 벗어나 아이와 충분한 시간을 보내고, 본인의 시간도 확보할 수 있었던 육아휴직 기간 10개월을 규영 씨는 '인생에 제일 좋았던 때', '태어나서 제일 좋았던 때'로 기억한다.

• 둘째 산후조리는 남편이!

육아휴직 마지막 3개월 동안 규영 씨는 신생아와 산모를 돌봐야 했다. 첫째 아이 출산 때에는 규영 씨가 직장 일이 바쁘고 야근도 많던 때여서 아내와 함께 한 기억이 거의 없었다. 그래서인지 아내는 출산 후 산후조리원에 있던 2주간의 시간을 '외로웠던 시간'으로 기억한다. 아내는 이번에는 힘들어도 산후조리원이 아닌 내 집에서 가족들과 같이 있으면서 회복하고 싶다고 했다. 규영 씨는 아내의 뜻에 따라 산후조리원 대신 집에서 산모와 신생아를 돌봤다. 첫째 아이가 어린이집에 가는 낮 동안에는 규영 씨가 신생아를 주로 돌보았다. 첫째 아이가 어린이집에서 돌아오면 규영 씨가 첫째를 돌보고 아내가 밤중 수유도 하면서 둘째 아기를 돌보았다. 이런 식으로 둘째 백일까지를 보냈다. 첫째 때에는 전혀 함께 하지 못했던 시기를 둘째 때에 온전히 같이 보내면서 규영 씨는 첫 아이 출산 후 아내가 얼마나 힘들었을지 알게 되었다. 낮 동안 둘째를 전담해 보면서 계속 아이를 돌본다는 게 얼마나 힘든지 체험하게 되었다. 그래서 뒤늦게 아내가 안쓰러웠고, 이번에는 '너는 좀 쉬어'라는 말이 절로 나와 틈만 나면 아내를 쉬게 해주려고 노력했다고 한다.

이러한 상황에 대해 아내의 만족도는 매우 높았다. 규영 씨가 육아휴직을 하지 않았더라면 생각지도 못했을 집에서의 산후조리를 아내는 특히 좋게 생각했다. 친정엄마한테도 죄송해서 말하지 못할 사소한 부탁들도 남편에게는 요구할 수 있어서 '더 편했다'고 한다. 또 첫째와 떨어져 있지 않고 네 가족이 함께 지내면서 새 식구와 새로운 환경에 다 같이 적응했다는 데 더할 나위없는 만족감을 표했다. 첫 아이였으면 신생아나 산모 돌봄이 걱정되었을 수도 있는데, 두 번째이다 보니 산후조리에 대한 낯선 두려움도 없었다.

출산 한 달 정도가 지나고 나서는 첫째와 아빠 단 둘이 3박 4일 여행을 다녀오기도 했다. 아내가 어느 정도 몸을 좀 추스른 상태가 되었고, 동생이 생긴 첫째에게도 특별한 시간을 만들어주고 싶었기 때문이었다. 규영 씨에게 아들과 단 둘이 떠난 여행은 육아휴직 기간 동안 가장 좋았던 일로 기억된다. 큰 애와 둘만이 보낸 시간을 통해 둘만의 기억을 만들 수 있었다. 아이가 당시의 사진을 보면서 또 가고 싶다고 말할 만큼 아이에게도 좋은 기억으로 남아 있다고 한다.

• 인터뷰후기

규영 씨는 직장 사정 때문에 육아휴직을 결정한 대표적인 사례이었다. 부부가 맞벌이로서 바쁘게 생활하면서 육아에 있어서는 조부모님의 도움을 전적으로 받고 있었던 상황인 만큼 육아에 대한 아빠의 몫이 크지 않았고, 그래서 육아휴직을 할 필요성도 별다르게 느끼지 못했었다. 법적으로 보장하고 있는 제도를 활용해서 '쉬어가는 의미'로 육아휴직을 선택한 것이었다.

육아휴직을 규영 씨는 인생에서 가장 좋은 때, 제일 만족스러운 순간으로 기억했다. 재도약의 시간이나 꿀 같은 시간이라고 표현한 준형 씨나 진영 씨의 사례처럼 규영 씨도 육아로 인한 힘든 경험은 많지 않다. 어린이집, 조부모, 아내와 함께 도우며 아이를 키우다보니 힘든 상황이 발생해도 어느새 피해갈 길이 열렸다. 오롯이 해야 하는 독박육아의 형태가 아니라면 육아는 행복한 순간들로 기억될 수 있는 것이다.

육아를 목적으로 육아휴직을 신청한 경우가 아닌 규영 씨는 육아휴직 자체의 의미가 '좋은 아빠 되기'와는 무관한 것이 아닌가 하는 입장을 보였다. 아내의 어려움을 이해하고, 육아의 어려움을 알게 되고, 그래서 아내와 함께 육아에 좀 더 참여하게 된다는 의미는 있었으나 단 몇 개월의 육아휴직을 통해 아이와 함께 성장하고, 좋은 아빠가 되는 것은 아니라고 본다는 것이다. 실제로 본인의 주변에서 좋은 아빠가 되기 위해 육아휴직을 쓰는 사람은 보지 못했고, 리프레시의 의미에서 시작되는 경우가 많다고 하였다. 육아 경험을 통해 이전의 자신과는 달라지는 질적 변화를 경험하지는 못했던 것이고, 이는 앞서 말한 바와 같이 온전히 홀로 육아를 경험한 상태가 아니기 때문이기도 할 터이다. 그렇다면 육아휴직을 통해 고군분투하며 아빠 경험을 깊이 하는 것이 자신의 내적 성장에 도움이 된다는 것은 틀린 말일까? 적어도 규영 씨처럼 아이와 함께 있었던 시간을 통해 아이와 둘만의 추억이 존재한다면 아이의 삶 속에서 아빠의 자리가 생겼다는 것이고, 이것은 추후 아빠의 영역을 넓힐 수 있는 기회가 될 것이라는 정도는 맞는 말일 것이다.

규영 씨에게 어떤 아빠가 되고 싶은지를 물었다. 규영 씨는 "저는 예전에 컸을 때 아버지가 엄격하신 편이었고..., 제가 크면서 아빠처럼 저렇게 되지는 말아야지, 애랑 친구 같은 아빠가 되어줘야겠다! 이렇게 생각을 했었는데, 그게 애를 낳고 1년 2년 지나면서 쉽지는 않더라고요"라고 하였다. 예전에는 소위 '친구 같은 아빠', 다정하고 재미있게 같이 노는 아빠를 그렸었지만 실상 자기가 보아 온 아버지의 모습은 항상 엄격하고 '안 되는 건 안 된다, 못하는 건 못한다'고 말해주는 존재였기에 막상 아빠 노릇을 시작하면서는 혼란스러운 면도 있었다. 아빠교육 프로그램이나 방송에서 보여 지는 친구 같은 아빠의 모습과 역할이 사회적으로 기대된다고 규영 씨는 느꼈다. 그러나 실제 자신이 아이들에게 보이는 모습은 자신이 경험했던 아버지와 오히려 유사하다는 점에서 규영씨는 한 마디로 표현하기 어려운 복잡한 느낌을 가지고 있다는 인상을 주었다. 그들이 느끼는 아빠 역할에 대한 사회적 기대와 실제 역할 수행 간의 긴장감과 피로감은 어떻게 해결될 수 있을까? 이 부분은 흔히 모성이데올로기 논의에서 자주 등장하는 것과 어찌 보면 흡사하다. 어머니이기에 무조건적인 사랑과 희생을 주어야 한다는 압박감을 느끼는 엄마들처럼, 아빠들도 새롭게 형성되는 부성 이데올로기로 인해 압박감을 느끼고 있는 것은 아닐까?

10. 육아휴직을 하게 되니 우리 부부 서로에게 고마웠죠

• 세 살 자녀를 두고 있는 건설회사 직원 10년 차 임성훈 씨

83년생 임성훈 씨는 아이가 18개월일 때에 육아휴직을 신청했다. 남성 직원 비율이 높은 중공업분야에서 일하다보니 남성 육아휴직에는 부정적 인식이 지배적이라고 생각하고 있었다. 성훈 씨는 자신이 육아휴직을 하기 전에 회사에서 남자가 육아휴직을 간 경우는 딱 한 명 보았다고 했다. 육아휴직 후 복직한 1호 케이스를 보고나서야 '안 잘리는구나!'를 확인할 수 있었고 그제야 자신도 육아휴직을 신청할 수 있게 되었다고 했다. 처음 회사 내부망에 자신의 육아휴직명령이 뜨고 나니 평소에 연락하지 않았던 회사 동기나 후배와 같은 사람들에게서 연락이 왔다. 육아휴직한다고 어떤 식으로 말을 꺼냈느냐, 어떻게 신청할 수 있느냐, 윗사람들께 결재를 받을 때에는 무슨 말을 하고, 무슨 말을 들었냐, 돈은 얼마나 나오느냐와 같은 질문들을 많이 받았다. 육아휴직을 아무도 안 썼지만 사실은 다들 '진짜 관심이 많구나'라는 생각을 하게 되었다.

성훈 씨는 일반적으로 남성 육아휴직에 대해 부정적인 인식이 강한 사회에서 자신이 육아휴직기간을 보냄으로써 아내와 '서로 고마워하는' 시간을 가지게 되었다고 하였다. 10년 넘게 같은 회사에서 일하면서 많이 지치기도 했다. 여태 육아에 크게 도움을 주셨던 부모님이 더는 도와 주시기에는 나이가 드신 것 같다는 판단도 했다. 남자가 육아휴직을 써보니 여러 면에서 두루두루 좋다는 이야기도 들어본 적이 있었다. 성훈 씨는 육아휴직을 쓰고 싶다는 마음이 점점 커졌고, 이를 적극 격려해 준 사람이 아내이기 때문에 자신이 아내에게 '엄청 고마웠죠'라고 말했다. '보통은 아내가 쓰지 말라고 하는 집들도 많다'고 하던데 자신의 아내는 달랐다고 자부심을 보였다. 성훈 씨는 특히 외벌이인 남자들이 '부러워하는' 것을 느꼈다. 그래서 남성의 육아휴직에 대한 지원을 해줘야 한다면, 외벌이도 어려움이 없이 사용할 수 있도록 '하다못해 저금리 대출'이라도 마련해줄 필요가 있지 않겠냐고 하였다.

아이를 돌보고 또 직장일을 하느라 육아 및 직장 스트레스에 늘 지쳐

있던 성훈 씨의 아내도 남편의 육아휴직으로 '진짜 퇴근'을 처음으로 경험하였기에 고마운 마음을 가지고 있었다. 전에는 퇴근을 하고 집에 오면 집안 일이 끊임없이 이어졌다. 육아스트레스로 인해서 퇴근이 또 다른 직장에 출근하는 것 같은 마음이었다고 한다. 그런데 성훈 씨의 육아휴직 중에는 퇴근 후 돌아오면 '애기들 밥 다 먹었고, 집안이 깨끗'하니 자연스레 아내가 '웃는 시간이 많아졌다'고 한다.

• 아이를 남의 손에 키울 수는 없어서

현관문은 따로 있지만 한 집에서 부모님이 아래층에, 성훈 씨네는 위층에 3세대는 함께 살고 있었다. 큰 애가 태어나고 아내가 출산 및 육아휴직을 끝내고 회사로 돌아간 10개월부터는 아래층에 사시는 부모님이 아이를 전담해서 봐주셨다. 아이가 크면서 부모님의 체력이 부치시고 건강이 안 좋아지기도 했지만 어린이집과 같은 기관에 맡기거나 육아도우미의 도움을 받는 방법에 대해서는 부정적이었다. 할머니, 할아버지는 '아이가 다 먹을 때까지 먹이지만, 안 먹으면 그냥 안 주고 마는 아줌마'에 만족할 수 없다 하였고, 간간히 보육시설에서 아동학대와 같은 뉴스를 접하면 아이를 남에게 맡길 수는 없다는 인식이 있었다. 그래서 건강이 안 좋아지면서 손주를 전적으로 보기 버거운 상황에 아들 성훈 씨가 육아휴직을 하겠다고 하자 처음에 놀라시기는 했어도 이내 '환영하는' 태도를 보이셨다.

가족이 모여 사는 성훈 씨네는 가족끼리 서로 도우며 아이를 돌보는 것이 가능한 구조였다. 성훈 씨 부부가 회사를 다닐 때에도 아이는 대체로 잠만 위층에서 자는 정도이고 주로 조부모님과 생활을 했다. 성훈 씨가 육아휴직을 시작한 이후에는 최대한 안 내려가려고 노력은 했지만, 힘들 때는 내려가서 함께 식사를 하기도 하고, 친구를 만나러 나갈 때에는 친가나 외가댁 조부모님께 부탁을 드릴 수 있을 만큼 친족의 도움이 안정적으로 이루어지는 상황이었다. 성훈 씨 부부가 부모로서 주 양육자로서 아이를 맡아서 키우는 것을 전담하지만 주변에 부탁하면 바로 도와줄 수 있는 조부모님들이 계셨기에 무리하지 않는 선에서 아이를 돌볼 수 있었을 것이다. 아이가 두 돌이 넘어 어린이집을 가기 시작하는 시기에 적응을 도우며 했던 성훈 씨의 육아휴직 기간은 그래서 '행복했다'라는 한 마디로 요약되었다.

• 인터뷰후기

스스로 '남성적', '보수적' 업계라고 생각하는 곳에 있다고 말한 성훈 씨는 실제 육아휴직을 신청하는 과정에서 어려움을 보였다. 특히 상사로부터 부정적인 반응을 받았다. '미쳤다', '쓰지 마라', '네가 쌓았던 커리어 무너질 거다', 이런 이야기를 들었다고 한다. 몇 번을 다시 이야기해야 했고, 한 달가량 걸려서 결정이 났다. 인터뷰를 했던 사람들 중에서 육아결정과정이 가장 복잡하고 장애물이 많았던 경우이었다. 이렇게 호의적이지 않은 분위기에서 육아휴직을 결정하였지만 복직 상황을 걱정하거나 복직 후 적응에 어려움을 겪지는 않았다. 업무 특성상 같은 팀, 같은 업무로 복귀를 해야 했다. 이 경우엔 일 년 정도 휴직은 별다른 어려움을 만들지 않는다고 하였다.

지친 직장생활 중에 나름 리프레시를 위한 휴직이라는 의미도 있었다. 그렇다보니 육아의 고충에 대해서는 크게 고민하지 않았다. 오히려 성훈 씨는 아이와 함께 보내는 일상의 행복에 대한 동경이 있었다. 사람들이 아이들과 놀러 다니고, 함께 지내는 모습을 보면 부러웠다고 했다. 그렇게 부러운 마음이 들 만큼 아이와 시간을 보내고 싶다는 생각이 있었기에 육아휴직을 선택하였고, 이를 가능하게 해준 모든 것이 '고맙고', 그 기간이 '행복했다'. 물론 처음 보는 사람과 낯선 공간에서 인터뷰라는 형식으로 이야기를 나누는 상황에서 좀 더 과장해서 고마움이나 행복감을 표현했을 수는 있으나, 혼자 끙끙대며 육아를 하며 '힘들다'라는 말로 요약되었던 다른 아빠들과는 달랐다.

성훈 씨는 육아휴직 동안 아이와 많은 시간을 함께 하면서도 주변의 도움도 많이 받은 경우이다. 충분한 시간을 아이와 함께 보내는 것이 그 순간들을 행복하고 즐거운 시간들로 변모시켰다. 과거에 짧게 짧게만 아이와 접하다보니 아이에 대한 이해가 낮고, 그래서 아이에게 짜증내거나 화낼 일이 많았다. 휴직을 하면서 아이와 보내는 시간이 늘어나자 아이는 아빠를 찾게 되었고, 아이이기 때문에 보이는 특성이 있다는 것도 알게 되고, 다른 아이와 달리 내 아이가 가진 고유함을 이해하게 되었다. 절대적인 시간 확보를 통해 아이의 고유함을 이해하고 나니, 아이가 더 예쁘고, 아이를 더 잘 이해하게 된 것으로 보인다.

성훈 씨는 '이렇게 힘든 일을 부모님이 도와주셨구나'라는 것을 알고 새삼 부모님께 고마운 마음이 들었다고 말했다. 단 한 순간도 눈을 뗄 수 없을 만큼 절대적인 시간을 바쳐야 하고, 내가 소소하게 느낄 수 있는 만족은 단 한 순간도 느낄 수 없고, 누군가를 위해 절대적으로 맞춰줘야 하는 경험들로만 채워졌다면 결코 성훈 씨처럼 답할 수 없었을 것이다. 돌봄 시간을 분담하는 사람들이 있다는 것은 힘들다는 임계점에 다다르기 전에 옆 사람의 도움을 받을 수 있다는 의미이기도 하다. 이것들이 아이와 행복한 시간을 보냈다는 기억들만 강렬하게 남을 수 있는 이유이기도 할 것이다.

11. 이 시간이 나와 아이의 관계에서 응결핵凝結核이 될 거라 믿어요

• '아빠의 달' 제도를 활용하여 7개월째 육아휴직 중인 금융회사 과장 이준건 씨

준건 씨는 외국계 금융회사에서 과장으로 일하고 있다. 아내가 출산전후휴가 3개월과 육아휴직 1년을 연이어 쓰고 회사에 복귀하는 시점에 준건 씨가 10개월간의 육아휴직을 신청했다. 직장생활 30년차 상사로부터 "남자한테 육아휴직 '당해본 건' 처음이다"라는 소리를 들었을 만큼 육아휴직에 대한 회사의 반응은 좋지 않았다고 한다. 준건 씨는 금융업 쪽이 업무특성상 '보수적'이어서 더 그랬을 것이라고 했다. 10명이 한 팀을 이루어 프로젝트를 수행하는데, 육아휴직자가 생기면 충원 없이 남은 사람들끼리 업무를 나누어 맡아야 하기에 동료들에게 미안함도 있었다.

육아휴직을 좋게 보지 않는 문화임에도 불구하고 준건 씨가 육아휴직을 결정하게 된 데에는 몇 가지 이유가 있다. 먼저 준건 씨네 부부는 아내와 남편이 공동으로 육아에 참여해야 한다는 공감대가 있었다. 아이가 생기면 아이는 부모들이 돌봐야 하는 것이고, 엄마가 직장을 그만두거나 할머니가 봐주거나 하는 방식으로 부모의 책임을 한 사람 혹은 다른 사람에게 넘겨서는 안 된다는 생각을 아내가 강하게 갖고 있었다. 이러한 생각에 대해서 준건 씨도 원칙적으로 동의하는 바였다. 아내가 복직을 할 시점이 되자 아빠인 준건 씨는 육아를 전담할 차례라는 압력을 느꼈다고 한다.

아내가 육아휴직을 했던 것도 자신은 경력이 단절되어도 괜찮다거나 커리어에 별 지장이 없으리라는 생각이 들어서가 아니었다. 누군가 아이를 돌보려면 할 수밖에 없으니 했던 것이라는 아내의 입장도 이해가 되었다. 다만 남자의 육아휴직이 덜 일반적이고 본인의 직장에서는 전례가 없었던 일인 만큼 막상 육아휴직을 결정할 때가 다가오니 머뭇대는 마음이 생겼다. 이로 인해 준건 씨 부부는 긴장하고 갈등하는 시기를 거쳐야 했다.

결국 큰 결심을 하고 육아휴직을 선택한 데에는 준건 씨 나름의 생각도 있었다. 어렸을 때 아빠와의 관계 형성이 무엇보다 중요하다는 생각 말이다. 자신의 아버지를 떠올려본 준건 씨는, 아버지가 자신이 성장하는 데에 별다른 역할을 하지 않았다고 말했다. 그래서 성인이 된 지금도 아버지와는 서먹하다고 했다. 자신은 아들에게 그런 아빠이고 싶지 않다는 마음이 컸다. 물론 두 살짜리 아이가 아빠와 함께 보낸 시간을 기억할 것이라고 기대하지는 않는다. 그래도 아이가 자라면서 그 어딘가에는 아빠가 함께 보내준 시간에 대한 기억들이 남아 있을 거라는 기대를 했다. 준건 씨는 눈덩이 속의 '응결핵(凝結核)'으로 이걸 설명했다. 그의 말에 따르면 육아휴직을 통해 아이의 어린 시절에 함께 한 시간은 이후에도 부모와 자녀를 꽁꽁 뭉치게 하는 핵으로 역할을 해 줄 것이고 이를 바탕으로 관계가 점점 더 성장할 수 있을 것이라고 했다. 마치 작은 눈덩이를 굴리고 굴려서 커다란 눈사람을 만들어내는 것처럼 말이다.

• 통제할 수 없는 상황을 그저 참아내고 내가 맞춰야 한다는 어려움

15개월 된 아이를 돌보기 시작하면서 준건 씨는 본인이 참 '나약하고 인내심이 없는' 사람이구나 깨달았다고 했다. 결과적으로 '반성의 시간'을 보낸 셈이다. 아이는 요구나 생각을 바로바로 표현했다. 하지만 이 표현이 소리 지르기나 울어버리기와 같은 것이어서 어떠한 요구이거나 생각인지를 정확하게 알 도리가 없었다. 뭐든 서툴지만 고집은 강한 두 살 아이를 돌보면서 준건씨는 통제력을 잃는 느낌을 받았다. 성인 간의 관계처럼 말로 설득되거나 이해될 수 있지 않았다. 처음 계획한 대로 일이 진행되지도 않았다. 계획을 세우고 이에 맞추어 시간을 조정하고, 자신의 욕구를 조절하고, 타인과의 관계도 조율했던 어른의 생활과는 판이하게 다른 세계로 진입하게 된 것이다. 어른의 세계에서는 능력 있고 포용력 있는 사람이었는데, 계획에 따라 정확하게 조정하고 조절하고 조율하는 것이 불가능한 아이의 세계에 들어서자 사실 자신이 참 인내심이 부족하고 나약한 사람이구나를 깨달았다. 스스로 통제하지 못하는 상황을 견디지 못하는 사람이라는 것도 알게 되었다. 아이니까 모르고 그러는 것이라는 것을 알면서도 계획대로 되지 않거나 차분히 이야기해주어도 받아들이지 못하는 아이와 상호작용하는 것이 준건 씨는 힘이 들었다.

무엇이 준건 씨로 하여금 육아휴직 기간이 '나에 대해 알게 되었던 시간이자 반성하게 되었던 시간'이라고 소회를 밝히게 만들었을까? 준건 씨는 과거에는 느껴보지 못했던 공허함이나 소외감, 외로움, 괴로움과 같은 낯선 감정들을 만나게 된 것이 그 이유라고 했다. 직장이라는 테두리 안에서 빠른 템포에 맞춰 사람들을 만나고 일을 처리하던 일상이, 육아휴직을 시작하면서 사라지자 준건 씨는 '공허함'을 느꼈다. 계속 회사 메일을 체크하게 되고, 뭔가 소외되는 느낌, 자꾸 안테나를 세우게 되고 그래봐야 자꾸 자신이 왠지 궁핍한 느낌이 드는 것이 육아휴직 초기의 마음이었다고 한다. 이러한 소외감은 회사라는 테두리에서 혼자 밀려 나와 있는 것에서만 비롯된 것은 아니다. 아내에게 "너는 윗집 누구도 있고 옆집 누구도 있지 않냐. 애기 데리고 놀러가고 놀러오고 그러면서 보낼 수 있는 시간도 있지 않냐. 나는 아무도 없다. 너무 힘들다. 혼자 애랑 보내야 되는 시간이 너무 힘들다, 괴롭다"라고 하소연도 했다. 엄마들은 서로 도우며 함께 아이를 돌보는 집단을 몇 개씩 갖기 마련이지만 육아를 하고 있는 아빠들은 그렇지 못하다는 상황이 준건 씨를 더욱 힘들게 했다.

준건 씨는 결국 아내를 설득해 출구를 찾았다. 아이 밥을 혼자 먹이는 게 너무 힘들고 싫었던 것이다. 아내가 퇴근하고 오면 세 식구가 다 같이 저녁을 먹을 수 있도록 그 전에 식사 준비만 해 놓기로 했다. 외부의 도움을 받기가 어려웠던 만큼 가장 확실한 지원자인 아내가 남편과 함께 아이를 돌보는 것을 통하여 소위 '독박육아'의 외로움과 힘듦을 벗어나고자 했다.

• 인터뷰 후기

준건 씨는 회사에서 꽤나 인정받는 직원이었을 거라는 인상을 주었다.

처음 육아휴직을 시작하자마자 공허함을 많이 느끼고, 자기도 모르게 계속 회사 이메일을 확인하고 미팅 일정을 파악하는 등 회사 일에 대한 관성이 높은 편이었다. 실제로 휴직 중에 우연히 만난 직장 상사로부터 '야 너 빨리 와야 해. 빨리 와서 네가 네 몫을 해줘야 돼' 이런 이야기를 듣고 있으며, '언제 돌아 와?' 하는 질문을 받으면서 나름 일을 잘하고 있었구나 하는 생각에 마음이 안도된다고도 하였다. 아내가 자기보다 여러모로 나은 사람이라고 생각한다는 준건 씨는 '우리의 아이'를 키우며 아내만 경력 단절을 경험하고 손해를 보는 것이 부당함에 동의를 하였고, 보수적인 회사 분위기에서 쉽지 않은 결정으로 육아휴직을 시작하게 되었다. 준건 씨는 남성들이 육아휴직을 마음 놓고 하고, 사회에서 부모가 함께 키우는 분위기가 형성되기 위해서는 직장에서 승승장구하는 사람들이 육아휴직을 하는 모습이 보여야 할 것 같다고 말했다. 직장생활에 어려움이 있어서 그것에 대한 도피의 수단으로 쓰거나, 이직을 준비하기 위한 수단으로서가 아니라, 소위 회사에서 잘 나가는 사람들이 육아휴직을 많이 사용하는 게 필요하다고 했다. 육아휴직을 마치고 복귀하는 모습을 보여주고, 또 잘 적응하고 좋은 결과를 내는 모습을 보여줘야만 남성들의 육아휴직에 대한 인식과 문화가 바뀔 수 있을 것이라는 생각이었다.

육아휴직을 하고 나서 돌아오지 않는다든지 다른 회사로 이직을 해버리는 경우 육아휴직에 대한 조직 내에서의 인식이 좋을 리 없다. 집마다 외벌이인지 맞벌이인지, 아이가 많은지 적은지, 조부모님이나 도우미의 도움을 받을 수 있는지 각자가 처한 상황이 제각각이므로 모두에게 일 년간의 육아휴직을 권장할 수는 없을 것이다. 상황은 개개인뿐 아니라 회사

마다도 다르다. 업무에 따라 대체 인력 수급이 어려운 직무도 있고, 영세한 회사 여건상 휴직자를 배려하기 어려운 경우도 많다. 다만 남성의 육아휴직이 남성의 가정생활에만 영향을 미치고, 직원의 복지 혜택의 수준에만 그쳐서는 안 된다는 준건 씨의 말은 귀담아들을 만한 부분이었다. 회사 조직의 구성원 중 아이를 키우는 구성원들에 대한 이해를 높이고 조직 내에서 함께 돌봄의 가치를 확산시키는 데에 기여하려면 남성 육아휴직이 지금보다 훨씬 보편화될 필요가 있다.

12. 모르는 사이에 찍힌 제 사진을 봤는데 '진짜 아빠가 애를 바라보고 있구나!' 했어요

• 18개월 아들을 돌보기 위해 3개월째 육아휴직 중인 성재훈 씨

다른 사람들보다는 결혼이 조금 늦었다고 말하는 78년생 재훈 씨는 결혼하자마자 서른아홉에 첫 아이를 가졌다. 아내가 출산 휴가와 1년 육아휴직을 마치고 복직을 해야 하는 시기에 아이도 어린이집에 처음 다녀야 했다. 15개월 아들의 어린이집 적응을 위해 아빠 재훈 씨는 두 달간만 육아휴직을 신청하였다. 어린이집 적응이란 어린이집에 처음 다니게 된 아이가 등원부터 하원 간의 시간 간격을 조금씩 늘려가면서 어린이집 생활에 적응하는 과정이다. 이 기간 동안에는 아이가 문제가 있을 경우 바로 집으로 데려갈 수 있도록 양육자가 상시 대기해줄 필요가 있다. 이 역할을 아빠가 담당하고자 한 것이고 처음엔 두 달이면 충분하리라 생각했다.

그런데 계획과 달리 어린이집에 다니기 시작하자마자 아이는 아픈 날이 많았다. 어린이집에 간 날보다도 못 간 날이 더 많았다. 어린이집 적응기간은 예상보다 길어졌다. 재훈 씨는 결국 휴직 기간을 6개월 연장하였다. 인터뷰를 했을 당시에는 복직 대신 석 달째 육아휴직을 이어 가는 중이었다. 같이 놀고 재미있는 아빠의 모습만 가졌던 재훈 씨가 3개월 남짓 아이와 지내며 혼을 내는 아빠, 싫은 소리도 하는 아빠의 모습을 가지게 되었다. 그래도 아이가 자다 깨 울면서 아빠를 찾을 때면 이제는 아이에게 아빠가 의지가 되는 사람이 되었다는 생각에 뿌듯했다.

재훈 씨는 20명 남짓한 카드회사 영업팀에서 차장으로 실무를 담당하고 있었다. 유연근무제가 2017년부터 회사에 도입되었으나 실제 팀에서 이 제도를 활용한 사람은 재훈 씨가 유일하다고 했다. 회사 전체로는 여성 인력이 많은 편이지만 재훈 씨가 속한 팀은 남녀비율이 7:3 정도로 여성이 적어서 여성들 중에서 육아휴직을 사용하는 경우가 있어도 수가 많지는 않고, 재훈 씨가 유연근무제를 활용하거나 육아휴직을 하는 것이 지극히 예외적이고 '선구자적'인 일이었다고 자평하였다.

• 아빠가 되니 새로운 삶의 패턴을 보인다

늦게 결혼을 했다고 말하는 재훈 씨는 예전의 자기와는 전혀 다른 삶의 패턴으로 살고 있다고 말했다. 원래 자신이 생각하고, 좋아하는 것들이 분명 있었는데, 결혼을 하고, 아이를 낳고, 육아휴직을 통해 아이의 아빠로서 보내는 시간이 늘어나면서 과거와는 전혀 다른 라이프스타일로 살기 시작했다는 것이다. 아이가 있기 전의 재훈 씨라면 절대 선택하지도

우연히 만나지도 않았을 일들을 아이와 함께 하면서, 부모가 되면서 하기 시작했다. 다른 생각을 해보게 되었고, 다른 종류의 삶의 궤적을 그려보기 시작했다.

그 중의 하나가 수영이다. 마흔이 되도록 수영을 배워본 적이 없고 할 생각도 안 했는데, 한 살 반 된 아이와 지내다보니 아이가 크면서 함께 물놀이 하는 모습을 상상하게 되었다. 다양한 영법을 배우는 것은 아니더라도 풀장에서 함께 놀아줄 수 있는 정도의 수영은 배워야겠다는 생각이 처음 들었다. 자신의 프레임에 아이가 들어오고 아이와 함께 하는 자신의 모습을 그려 넣으면서 새롭게 하고 싶은 것과 배우고 싶은 것이 재훈 씨에게는 생겼다. "옛날 같았으면 생각도 안했을" 일이고 "아, 그냥 살지 뭐" 하고 끝냈을 일이다. 다니던 길로만 다니는 삶, 비슷한 패턴만을 그려내던 재훈 씨의 현재에 큰 변화가 생겼다. 재훈 씨의 다른 삶의 패턴이라는 것은 재훈 씨에게 아이와의 관계의 끈이 생기고 그 끈에 '아빠'라는 이름이 달리면서 새롭게 그려지고 있다.

• 낀 세대에게 워라밸이란 이중구속

워킹맘에게 '워라밸'은 일만 하지 말고 여가도 즐기면서 지내라는 의미로 읽히지 않는다. 오히려 슈퍼우먼이 되라는 압박으로 느껴진다. 아이도 잘 키우면서 동시에 직장 생활도 결코 놓치지 말고 다 잘해내라는 요구로 느끼기 때문이다. 어떻게 두 개를 다 잘하냐(양립)는 볼멘소리가 있어왔고 이를 '균형'이라는 말로 바꾸었어도 워킹맘들에게 워라밸은 일상을 더 숨 가쁘게 만드는 일일 뿐이었다.

육아에 적극적으로 참여하는 워킹대디는 어떨까? 이들 역시 워라밸에 대한 부담을 토로했다. 재훈 씨에게 워라밸은 공동양육자로서 책임을 다하라는 요구로 읽힌다고 하였다. 재훈 씨는 회사 모임이나 자기만의 일정은 일주일에 한 번으로 제한하되 적어도 일주일 전에는 아내와 스케줄을 공유해서 서로 일정을 맞추려는 노력을 한다고 말했다. 그래서 '갑작스런 번개에는 응하진 않는다'는 원칙이 생겼다. '그런 식으로 맞춰가는 것'이 재훈 씨에게 요구되는 워라밸이었다. 부모가 된 부부가 서로의 시간을 양보하고 조율해서 항시적으로 돌봄이 필요한 취약한 존재-영유아기 자녀에 대한 돌봄이 가능해질 수 있도록 하는 것 말이다.

78년생 재훈 씨는 자신이 '낀세대'인 것 같다고도 했다. 90년대생 신입사원들이 가지는 삶의 태도나 생활양식은 본인을 포함한 이전 세대와는 전혀 다르다고 느꼈다. 자기 세대는 선배들이 원하는 것도 알겠고 후배들이 자신의 삶을 중시하는 생활방식도 이해는 되기 때문에 낀 세대라는 것이다. 후배들처럼 자신의 생활을 누리기에는 '이기적으로 보이는' 것이 두렵고 그럼에도 불구하고 '워라밸'이라는 이상 아래 회사 일도 가정생활도 다 잘해야 한다는 사회적 분위기에 재훈 씨는 부담을 가졌다. 그는 '워라밸'을 '현실적으로는 다 가져갈 수는 없는' 이상향이라고 토로했다.

• 인터뷰 후기

재훈 씨는 인터뷰 당시 육아휴직 중이었다. 그래서 복직한 아빠들의 인터뷰에서는 상대적으로 드러나지 않았던 육아휴직 중 느끼는 생생하고 미묘한 감정들, 그리고 무엇보다도 복직 이후의 생활에 대한 불안이 드러났다. 재훈 씨는 아내가 직장으로 돌아가고 석 달째 아이를 돌보는 일을 전담하면서 독박육아를 하는 부모는 '당연히' 소심해질 수밖에 없다고 말했다. 집에서 하루 종일 아이랑만 있다 보면 외롭고 지치는데, 회사 일을 다녀온 아내가 힘들다고 시큰둥한 반응을 보이면 섭섭한 마음이 울컥 올라왔다가도 대놓고 뭘 요구하기에는 주저하게 되니 자연 소심해진다는 것이다. 무언가를 요구하기에 주저하는 마음이 드는 것은 이미 아내가 출산 후 15개월 동안 육아를 하며 홀로 겪었을 외로움과 섭섭함을 그제야 공감하게 되었기 때문이다. 그 기간 동안 무심했던 과거의 자신이 떠올랐기 때문이기도 했다. 그럼에도 불구하고 이렇게 위치와 역할이 바뀌어 아내를 충분히 이해하게 되었어도 남자가 휴직을 하고 아이를 돌본다는 것은 '그간 우리 사회가 적립해 온 모양'에 비추어 보면 큰 결심을 한 것이므로 이런 결심을 한 남편에게 더 큰 보상과 인정이 주어져야 한다는 생각이 든다고 말했다. 직장에 복귀한 아내의 힘든 적응기를 지켜보면서 몇 개월 뒤 자신이 겪을 고초가 구체적으로 그려진다고도 했다. 육아휴직을 하고 복귀하였을 때 자신의 공백 기간 동안 발전한 후배들의 모습을 맞닥뜨리게 되고, 때로는 의사결정이나 업무 진행에서 '배제되고 뒤처졌다는 느낌'을 받는 경우도 있을 것이다. 복직을 하고 새로운 업무를 맡다 보면 '주변의 도움을 받지 않고서는 해낼 수 없는 바보가 된 것 같은 느낌'도 받게 될 것이 그려졌다. 조직생활이 '승진으로 먹고사는' 곳인 만큼 휴직으로 인해 동기나 후배들보다 승진이 늦어지면 자괴감이나 상실감이 당연히 생길 것이라는 우려도 있다.

재훈씨는 일생에 한 번밖에 없을 그 시기의 아이와 시간을 보내기 위해 육아휴직을 선택한 것이므로 아내로부터의 인정, 자녀와의 애착형성, 장기적으로 긍정적인 아이와의 관계 형성을 위한 초석 마련과 같은 기대로 불안한 마음들을 덮어보려 했다. 그렇지만 마음 한쪽에 복직 후의 생활에 대한 불안이 또아리 틀고 있는 것도 감출 수 없었다.

13. 제 인생의 터닝포인트가 되었던 시간이에요

• 해외 파견 현장에서 돌아와 육아휴직을 한 두 아이 아빠 남현수 씨

80년생 남현수 씨는 해외 파견을 나가서 6개월을 보내다가 육아휴직을 신청한 경우이다. 6개월 육아휴직 기간 동안 만 6세와 만 3세 두 아이를 돌보다가 복귀했다.

해외파견 전에도 일주일에 절반은 야근을 할 정도로 항상 회사일에 바빴다. 다행히 공무원인 아내는 출산과 육아휴직도 편하게 사용할 수 있었고, 직장이 집과 가까워 육아를 주로 담당하였다. 다만 지방에 사는 현수 씨의 어머니가 필요할 때는 올라와서 집안일을 도와주시곤 하였다. 그러다가 현수 씨가 해외 파견을 나가게 되자 어머니가 아예 서울로 올라와 현수 씨 집에서 함께 살면서 아이 돌보는 일을 도와주게 되었다.

해외파견 기간 중에 현수 씨 어머니의 건강에 문제가 생겼다. 아이들도 이러저러한 문제를 보이기 시작했다. 현수 씨 없이 아이와 시어머니와 함께 지내던 아내도 점점 지쳐갔다. 현수 씨는 문제가 더 심각해지기 전에 돌파구로서 자신이 아빠의 자리로 돌아가는 게 해결책이라 생각을 하게 되었다. 그리고 육아휴직을 결심하였다.

문제가 있다고 생각하고 육아휴직을 시작한 만큼 현수 씨는 적극적으로 가족 내 문제에 개입했다. 무엇보다 아이를 함께 키우는 공동양육자로서 아빠의 자리를 확보하려고 노력했다. 아이들은 점점 '안정감'을 보였다. 엄마에게만 절대적으로 의지하던 아이들이 아빠도 의지할 수 있게 되자 엄마가 좀 늦게 오더라도 불안해하고 싸우는 일 없이 안정적인 모습을 보이게 되었다. 부부 간 대화가 늘어나면서 아내의 상태도 좋아졌다. 단 6개월의 기간이었지만 이 시기를 놓치고 나중에 복구하려면 그 열 배의 시간이 걸려도 안됐을지 모른다고 했다. 그렇기에 현수 씨는 인생의 터닝 포인트이자 결정적 시기가 육아휴직 기간이었다고 회고했다.

물론 아빠의 자리를 채우는 것만으로 '부부가 싸울 일도 없을 거라는 아주 순진한 생각'을 처음엔 했다고 한다. 현실은 물론 그렇지 않았다. 육아휴직은 그런 현실도 가르쳐주었다.

• 아이에게 맞춤형 조언이 가능해졌죠

자신이 아이들을 돌봐야지 집이 잘 돌아갈 수 있을 거라는 생각에서 육아휴직을 신청했었던 만큼 현수 씨는 단순한 집안일을 돕던 정도에서 '깊숙하게 챙기는' 것으로 적극적으로 변화했다. 아이들이 어린이집에 간다고 할 때 무엇 무엇을 챙겨야 하는지 먼저 살펴 아침에 준비해 놓는다. 알림장 받아 온 것도 챙겨 읽는다. 아이 친구의 생일파티가 있다고 하면 선물도 직접 챙겨놓는다. 어린이집에 아이를 데리러 갈 때 아이 친구들

얼굴도 하나씩 알게 되니 아이가 하는 이야기도 더 잘 이해를 하게 되었다고 하였다. 아빠가 재미있게 이야기를 들어주니 아이들은 더 많이 이야기를 하게 되었다. 친구들은 다들 엄마만 무언가를 해주는데 '아빠가 챙겨줬어. 아빠가 해줬어! 아빠가 데리러 온다'라며 친구들한테 아빠를 자랑하는 아이의 모습을 보면서 뿌듯함을 느꼈다. 이전의 단순한 참여가 아니라 깊숙하게 챙기는 아빠가 되자 아이와 더 깊은 교감과 교류가 가능해졌다.

얕은 관계이었을 때는 아이를 훈육하거나 조언을 할 때에도 추상적인 수준에 멈추고 맞춤형 조언이 불가능했었다. 아이들이 구체적으로 어떤 성격인지 몰랐을 때에는 자신이 아이를 제대로 가르칠 수도 없었다고 했다. 무조건 이게 옳다는 식으로만 말했고 사실상 교육효과는 없었을 것이라고 스스로 평가했다. 현수 씨도 자신이 어렸을 때를 돌아보면, 내가 무엇을 좋아하는지 알지도 못하면서 이런저런 것이 좋으니 하라고 권하는 일은 전혀 하고 싶지 않았다고 했다. 현수 씨는 육아휴직을 하면서 자기 아이의 고유성을 알게 되었고, 이에 맞춰 아이에게 필요한 조언을 해줄 수 있게 된 것이 너무도 소중한 성과라고 말했다. 소심한 아이가 하고 싶은 게 생겼을 때에는 어떻게 좀 더 용기를 내어 말을 꺼낼 수 있을지 이야기 해보고, 싫다는 표현을 하기 전에 무엇이 제일 걱정되는지도 들어볼 수 있게 되었다. 큰 아이에 비해 적극적이라고만 생각했던 둘째가 또래와의 관계에서도 신체적 발달이 앞서간다는 것을 알게 되자, 친구들과 함께 지낼 때는 어떤 점을 주의하면 좋을지에 대한 조언도 할 수 있게 되었다. 현수 씨는 아이한테 성장하면서 꼭 필요한 도움이 되는 말을 해주는 아빠가 되고 싶다고 했다. 육아휴직을 통해 현수 씨는 자신이 꿈꾸는 아빠상에 한걸음 다가선 것으로 보였다.

• 인터뷰 후기

현수 씨는 인터뷰를 했던 어떤 아빠들보다도 육아휴직 동기가 분명했다. 아이를 돌보는 것을 전담함으로써 집안의 여러 문제를 해결하리라 마음을 먹었던 만큼 육아에 적극적으로 참여하였다. 현수 씨는 이내 아이에 대해 새롭게 아는 것이 늘어나고, 아내와 공감하고 나눌 이야기도 늘어났다. 아내는 표정이 좋아지고, 밝아지고, 웃을 때가 많아졌다고 했다. 이렇게 이전의 삶과는 전혀 다른 결로 살아가게 되었기에 현수 씨는 이 기간을 생의 전환점이 된 시기라고 말했다. 가정과 아이들의 '안정'을 위해 비어있던 아빠의 자리를 찾아 메우면서 비로소 현수 씨는 아이들도 안정되고 집도 괜찮아졌다는 생각을 할 수 있었다.

무언가 불안했던 가족생활에서 현수 씨의 자리가 채워지자, 끊임없이 생겨나는 문제나 갈등을 관리하고 해결할 수 있는 유연성을 가족이 갖출 수 있게 되었다. 아이들을 포함하여 모두들 자신감을 가지게 되었다.

그런데 현수 씨도 역부족인 부분이 있었다. 학부모 모임과 같이 가족 밖에서의 관계에 있어서는 현수 씨는 부모로서 어떠한 역할도 제대로 해내지 못했다고 토로했다. 가족 안에서 아빠의 부재로 인해 가족이 흔들린다고 느꼈고, 현수 씨가 그 자리를 채움으로써 가족의 안정과 결속을 경험할 수 있었다. 하지만 다양한 부모 커뮤니티에서 아빠의 부재는 현수 씨 한 명의 아빠가 채울 수 있는 크기가 아니었다. 아이들 등하원 때에 엄마들끼리 모임이 형성되어 있는데 '그거는 극복을 못했다'라고 표현할 만큼 현수 씨는 엄마들만 모여 있는 곳에 함께하지 못했다. 현수 씨가 가족 안에서의 아빠의 부재로 인해 느꼈던 위기감이 커뮤니티 수준에서도 발생할 수 있다. 엄마들로만 구성된 부모 커뮤니티에서 자발적으로 혹은 비자발적으로 아빠들이 갈 곳을 잃는다면 그것이 또 다른 위기를 가져오지 않을까? 이 지점이 우리나라가 겪고 있는 저출산 문제와도 맞닿아 있지 않을까?

14. 육아는 어렵지만 아이들은 사랑스럽고 행복하죠

• 육아를 위해 퇴사를 하고 세 아이를 전담했다가 중소기업 컨설턴트로 복직한 윤제준 씨

중견기업을 다녔던 제준 씨는 큰 애를 키울 때까지만 해도 부모님들과 비교적 가까운 곳에 살았다. 급할 때면 부모님께 아이를 봐달라고 도움을 청하기도 하였다. 둘째를 낳고 얼마 안 되어 지방 현장으로 발령이 났다. 온 가족이 외지로 거주지를 옮기면서 적응에 어려움을 겪었다. 주변에 도움을 받을 만한 곳도, 교류하며 지낼 사람도 마땅치 않았다. 직장일은 바쁘기만 했다. 아이가 둘이 되었는데도 제준 씨가 퇴근하고 집에 들어가는 시간은 전보다도 늦어졌다. 아내는 빠르게 지쳐갔다. 차라리 이혼을 하자는 말까지 아내 입에서 나왔다. 무언가 돌파구가 필요했다. 절박해진 제준 씨는 둘째 아이가 6개월 될 무렵 육아휴직을 신청하게 되었다.

육아휴직을 안 받아주면 퇴사하겠다는 마음까지 먹었다. 다행히 육아휴직이 받아들여졌다. 기간은 3개월이었다. 짧지만 꿈같은 시간이었다. 이 기간 동안 세 살과 6개월 된 두 아이를 아내와 함께 돌보았다. 아내의 힘든 일상도 이해할 수 있게 되었다. 자연스레 부부 갈등도 잦아들었다.

다시 이 년쯤 지나 셋째를 낳고 그 아이가 돌이 지날 무렵, 제준 씨 가정에는 몇 가지 변화가 생겼다. 제준 씨는 중소기업으로 이직을 한 상태였는데, 아내가 일자리를 새로 구하게 되어 거주지를 다른 지방으로 옮겨야 했다. 제준 씨는 매일 3시간가량을 출퇴근에 써야 했다. 그러다보니 다시 육아에서 멀어질 수밖에 없었다. 직장 다니는 아내가 아이 셋까지 홀로 돌보는 것은 쉽지 않았다. 그렇다고 세 아이를 돌봐줄 풀타임 도우미를 고용하기에는 금전적으로 부담이 되었다. 당시 다니던 회사에서 육아휴직을 신청하기도 어려웠다. 고민 끝에 제준 씨는 자신이 퇴사를 하고 육아를 전담하기로 결정했다.

• 다양한 출처를 통해 입체적으로 아이를 알게 되는 과정

아이를 전담하여 키우면서 제준 씨는 아이들에 대해 많이 알게 되었다. 이전에도 아내는 아이에 대한 이야기를 많이 하곤 했다. 하지만 이러한 내용은 아내의 시선으로 걸러진 요약판이어서 실재를 파악하기 어려울 것이라 생각했다. 정보에 있어서 무언가 구멍이 많이 뚫려 있기 때문에 제대로 이해했다고 생각하기엔 주저되는 점도 있었다. 그래서 제준 씨는 주말이면 아내에게 아이들 이야기를 좀 더 자세히 듣거나, 직접 아이들과 상호작용하면서 빈 곳을 채워가려고 했다. 하지만 바쁜 일상 속에서 부족한 정보를 적극적으로 찾아서 채운다는 것은 힘든 일이었다. 점점 빈틈이 많아져갔다. 그러다가 육아휴직을 했다. 일단 제준 씨가 아이들과 보내는 시간이 충분하게 확보되고 나니, 자신이 보고 느낀 부분과 아내가 보고 느낀 부분이 결합되면서 아이에 대해 보다 풍성하고 입체적인 설명이 가능해짐을 알게 되었다. 정보의 출처가 다양해지자 실재에 가까워지게 된 것이다. 그러고 나니 아이에 대해서도 좀 더 촘촘하게 알게 되고, 문제에 대한 인식과 해결책에 대한 논의도 훨씬 편해지고 가능해졌다고 느끼게 되었다.

• 인터뷰 후기

제준 씨는 육아를 하는 아빠들 중에서 이 사람은 정말 대단하다며 소개를 받았던 경우이었다. 30대의 나이에 세 아이의 아빠이었고, 아이들 키우는 것을 전담하기 위해 퇴사를 결정한 적이 있고, 아이 셋을 능숙하게 건사한다고 보이기 때문에 지인들은 그를 '대단하다'고 소개했던 모양이다. 실제로 이번 연구에 참여한 남성 육아휴직자 중에 제준 씨는 가장 '아빠'라는 정체성을 확고하게 갖고 있었다. 아이를 키우는 데에 있어서 자신의 관점을 분명하게 가지고 있었고 아빠 노릇을 하는 데에 있어서 심리적 여유감마저 느껴졌다.

제준 씨가 다른 인터뷰 참여자와 두드러지게 다른 부분은 제준 씨의 직장 특성이다. 남성이 육아휴직을 사용할 수 있는 직장이 공기업이나 민간기업 중에선 대기업이 대부분이었던 것에 비하여 제준 씨는 육아휴직이 활성화되어 있지 않은 중소기업에 다니고 있었다. 그는 직장을 퇴사하고 육아를 전담하다가 다시 다른 회사로 취업을 한 사례이었다. 지방 현장에서 야근이 많은 일을 할 때나, 왕복 세 시간 출근을 하는 상황에서 육아에 참여한다는 것은 결코 쉽지 않은 일이었다. 대부분의 인터뷰 참여자가 일과 가정생활의 '균형'을 맞추기 위해 육아휴직을 신청하였던 것과 달리, 제준 씨는 일이나 가정 중에서 '양자택일'을 해야 하는 상황이었다. 일 년 남짓 육아를 전담하다가 다시 일을 시작한 제준 씨는 그래서 또 육아로부터 멀어져 있었다. 지금의 컨설팅회사에서도 업무가 많아 힘들어 했다. 세 자녀가 잘 크고 있을지 걱정이라는 말도 하였다.

가족 친화적이지 않은 직장 환경에서 세 아이를 조부모나 다른 사람 도움 없이 키운 제준 씨가 육아스트레스보다는 '양육자의 행복감'에 대해 구체적으로 여러 번 표현한 것은 무척 인상적이었다. 유아기 아이들을 돌보는 것의 기쁨을 이야기하면서, '아빠가 제일 좋아! 뭐 이런 얘기를 들어볼 수 있는 나이'이고 '그 한마디에 그냥 다 풀어지죠'라고 하였다. 또 둘째를 어린이집에 데리러 갈 때면 다들 엄마가 오는데 아빠가 오는 사람은 자기밖에 없다며 아이가 자랑스러워했다는 이야기도 했다. 그래서 제준 씨는 '애 키우는 건 힘들지만 재밌어요'라고 주저 없이 말했다. 그래서 저출산 문제를 말하는 정부도 '물리적으로 도와주는 여건보다는 아이들을 키우는 즐거움'을 알려주는 게 더 도움이 될 거라고 힘주어 말했다. 항상 '육아 스트레스' 같은 말만 많이 하는데 사실 '같이 만들고 키워나가는 기쁨'이 존재하니 그걸 강조하는 게 훨씬 좋을 것이라고 제준 씨는 힘주어 말했다.

맺음말

가족친화적 제도가 확산되려면

맺음말: 가족친화적 제도가 확산되려면

한국사회가 겪고 있는 저출산문제를 어떻게 해결할 수 있을까? 국내외 많은 선행연구는 성평등한 문화를 만드는 것이 선결요건이라고 한다. 그렇다면 이 질문은 가정과 일터에서 어떻게 성평등한 문화를 만들어낼 수 있을까로 바꿔 물을 수 있을 것이다.

이 책은 저출산 관련한 기존 연구와 정책에서 상대적으로 간과되었던 남성의 역할과 변화에 초점을 맞추어 진행한 연구결과를 담고 있다. 남성 육아휴직 의무제를 통해 모든 남성직원들도 자녀출산 시 한 달간의 육아휴직을 경험한 기업의 사례와 자발적으로 육아휴직을 선택한 여러 민간기업의 사례는 육아경험을 통해 남성도 변화할 수 있음을 보여주었다. 결론적으로 남성의 변화를 가져올 중요한 단초로 아빠노동자 등장의 필요성을 제기하였다.

〈그림 4〉는 아빠노동자의 등장을 통해 남성들도 자녀 출산 이후에 더 이상 지엽적 참여자 수준의 부모역할에 머물지 않고, 아빠로서 자녀양육

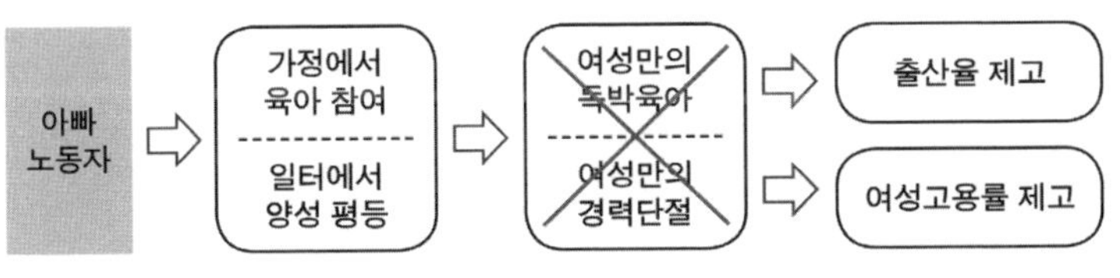

그림 4 아빠노동자 등장의 기대효과

의 핵심적 참여자로 변모될 수 있음을 보여준다. 또한 일터에서도 아빠노동자의 존재를 통해 자녀양육의 책임이 여성에게만 있지 않으며, 육아휴직이라는 경력단절이 여성에게만 새겨지는 주홍글씨가 아니라 역할충돌의 어려움을 서로 이해함으로써 성평등한 조직을 만들어 낼 가능성임을 보여준다. 이러한 효과는 이론적 논의를 통해서뿐 아니라, 육아휴직을 경험한 남성들의 사례 연구를 통해서도 밝혀졌다.

비록 연구기간의 한계로 인해, 아빠노동자의 등장이 실제 추가출산으로 이어지거나 아내의 경제활동 참여 내지 유지로 연결되었는지는 확인하지 못했다. 그러나 출산을 주저하는 주요 원인 중 하나로 지적되는 여성만의 독박육아를 깨트리는 데에는 유효했음을 확인했다. 또한 여성의 경제활동 참가를 저해하는 주요 원인 중 하나로 지적되는 차별적인 여성의 경력단절 문제가 아빠노동자를 통해 일정 부분 해소될 수 있음을 확인했다.

그렇다면 아빠노동자는 어떻게 만들어질 수 있을까? 〈그림 5〉는 아빠노동자 형성의 메커니즘을 보여준다. 남성이며 노동자였던 사람이 자녀를 갖게 되면서 여러 가지 변화를 경험하게 된다. 새로운 역할을 경험하면서 기존과는 다른 규범을 받아들이게 되고, 이를 기반으로 새로운 관계들을 형성하게 될 때 아빠노동자가 만들어지게 되는 것이다. 관건은 이

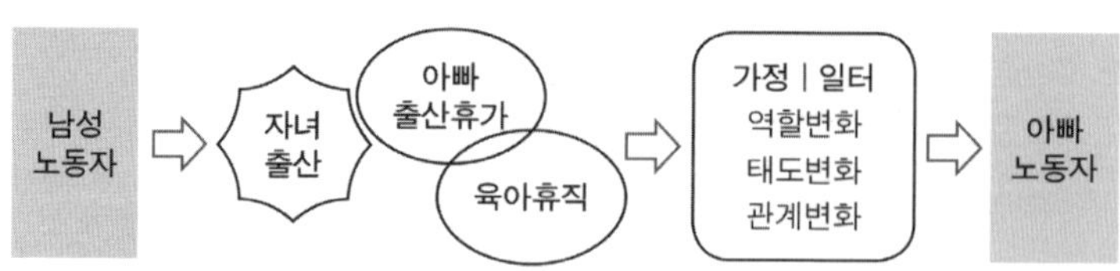

그림 5 아빠출산휴가/육아휴직을 통한 아빠노동자 형성의 메커니즘

변화과정에 최소한의 물리적 경험과 시간이 필요하다는 것이다.

육아휴직을 경험한 남성들의 사례는 이러한 변화가 어떤 과정을 통해 이루어졌는지를 보여준다. 이들은 주 양육책임자로서 역할수행을 일정기간 이상 수행했을 때 변화를 보이기 시작했다. 또한 일정궤도 이상의 변화를 경험하게 된 경우에는 복직 이후에도 아빠노동자라는 정체성이 유지됨을 보여주었다.

그렇다면 이러한 아빠노동자 형성을 위해 정부는 무엇을 할 수 있을까? 연구진은 아빠출산휴가/육아휴직의 확산을 제시한다. 제도를 수립하고 재정력을 동원할 수 있는 정부는 국민을 계도하기보다는 새로운 문화가 형성될 수 있도록 토대를 마련하는 데 노력해야 한다. 저출산정책에 대해 젊은 세대가 반감을 보인 것은 현실적 문제로 결혼과 출산을 주저하고 있는 자신에게 국가가 장애물을 치워주기보다는 인구감소라는 국가적 위기상황을 강조하며 개인의 희생을 요구하는 것으로 느꼈기 때문이다. 이들은 국가가 자신을 출산도구로 바라본다고 느끼는 순간 참을 수 없는 분노를 보였다. 2016년도에 발생한 행정자치부의 '출산지도' 사건은 젊은 세대의 감정을 전혀 인식하지 못한 정부정책이 가져온 불상사이다. 가정과 일터에서 성평등한 문화를 도입하자는 캠페인보다는, 실제 성평등한 문화가 형성될 수 있는 기반을 만들 수 있도록 제도를 개선하고 이를 위한 재정지원을 하는 것이 국가의 역할일 것이다.

우리나라는 아빠를 위한 육아휴직 제도를 이미 갖추고 있다. 남성이 사용가능한 육아휴직은 최대 53주로 OECD 최고 수준이다. 배우자로서 출산휴가도 유급 10일이 제공된다. 하지만 아빠노동자 형성에는 별 도움이 되지 않고 있다. 기존 제도의 효과성이 낮은 것이다.

실제 남성 육아휴직 사용률은 10% 미만으로 아직까지는 사용이 보편적이지 않다. 여성들이 두려워하는 휴직으로 인한 경력단절의 문제는, 어쩌면 남성들이 더 무섭게 느끼고 있는 것일지 모른다. 육아휴직 사용기간만큼 자신의 경력이 뒤처지고, 어쩌면 그 이상의 차별적인 낙인이 찍힐지 모른다는 두려움이 있다. 휴직기간 동안 소득감소의 문제도 있다. 자녀 양육을 위해서는 더 많은 소득이 필요한데, 양육을 위해 휴직을 하게 되면 소득감소라는 어려움을 겪게 되는 역설적 상황이 발생한다.

연구진은 아빠출산휴가 1개월을 제안하고자 한다. 아빠출산휴가는 자녀출산 시점부터 1개월 이내에 1개월의 유급휴가를 갖도록 하는 것이다. 아빠출산휴가는 다음과 같은 네 가지 점을 고려할 필요가 있다.

첫째, 아빠출산휴가는 보편적으로 당연히 사용할 수 있도록 한다. 육아휴직은 필요에 따라 신청에 의해 주어진다. 하지만 출산휴가는 자녀를 낳으면 누구나 사용하고 있다. 대상집단의 일부만이 혜택을 받거나, 대상자체가 소수인 정책으로는 사회적인 변화를 기대하기 어렵다. A그룹 사례를 보면 1개월 육아휴직이 보편화되었을 때 단 1~2년 만에도 조직문화가 바뀔 수 있음을 보여준다. 따라서 보편적으로, 당연하게 사용할 수 있는 출산휴가의 형태로 제도가 마련되는 것이 효율적일 것이다.

둘째, 아빠출산휴가는 출산초기, 즉 출산부터 1개월 이내에 사용토록 한다. 자녀 출산과 함께 아내는 엄마라는 새로운 정체성을 형성해간다. 또한 출산초기는 아기뿐 아니라 산모도 주변의 도움이 절실한 시기이다. 이 시기를 아빠로서 남편으로서 함께 할 기회를 주는 것이 필요하다. 부모됨을 부부가 함께 경험한다면 여자만의 독박육아는 존재하지 않게 될 것이다. 대부분의 출산이 병원에서 이루어지고, 출산 직후에 산후조리원을 이용하는 문화가 있음을 감안하여 아빠출산휴가의 시작시점은 출산 후 1개월 이내에서 자유롭게 선택하도록 한다.

셋째, 아빠출산휴가는 1개월간 사용토록 한다. A그룹 사례는 1개월간의 휴직을 통해서도 새로운 역할에 대한 경험이 어느 정도 이루어졌고, 변화된 역할이 휴직 이후에도 유지되었음을 보여주었다. 또한 기업 입장에서도 1개월간의 휴직은 대체근로자의 고용 없이도 큰 무리 없이 업무를 진행할 수 있는 기간임을 보여주었다. 인터뷰에 참여한 육아휴직자들도 출산시점은 어느 정도 예상을 할 수 있기 때문에 휴가 전에 대비하고 동료의 지원을 받을 수 있다면 1개월 휴가는 충분히 가능하다고 응답하였다.

넷째, 아빠출산휴가 기간 중 통상임금 100%를 보전해준다. 한 달 유급휴가를 주는 셈이다. 자녀출산으로 인해 여러 지출 부담이 늘어난 시기에 소득감소를 경험한다면 출산휴가를 사용하지 않으려 할 것이다. 적어도 상위 80%까지는 통상임금을 100% 보장해줌으로써 소득감소 부담을 느끼지 않게 해 줄 필요가 있다. 이미 '아빠의 달'이라는 육아휴직특례제도를 통해 3개월간은 통상임금 100%를 지급해주는 제도가 있다. 하지만 실제 사용자가 많지 않아 예산 부담은 크지 않을 수 있다. 출산을 한 모든 아빠들이 한 달 유급휴가를 가게 된다면 소요예산이 크게 달라질 것이다. 한 해 출생아 30만 명에 300만 원씩으로 급여를 계산하면 일 년 예산액이 9천억 원이 된다. 2018년도 한 해 저출산 관련 예산이 30조 원을 넘어섰다. 출산보조금 형태로 현금을 지급하기보다는, 아빠출산휴가비 형태로 지원금을 사용하는 것이 더 효과적일 것이라고 생각된다.

아빠출산휴가는 기존의 남성 육아휴직제도와는 세 가지 지점에서 다른 제도이다. 이는 우선 명칭에서 확인할 수 있다. 첫째, 주체를 분명히 하고 있다. 배우자로서 휴가를 갖는 것이 아니라 아빠로서 휴가를 갖는 것이다. 둘째, 시점이 다르다. 육아휴직은 만 8세 이하 또는 초등학교 2학년 이하의 자녀를 가진 부모가 사용할 수 있다. 출산휴가는 출산시점에 즈음하여 사용 가능하다. 셋째, 기간이 다르다. 휴직은 1년까지도 사용가능하며 연장도 가능하다. 하지만 휴가는 단기간이다. 참고로 여성의 출산전후휴가는 3개월이다. 일반적으로 휴직은 대체근로자를 필요로 하며, 무급으로 이루어진다. 하지만 휴가는 대체근로자가 필요치 않으며 유급으로 이루어진다. 아빠출산휴가는 한 달이라는 짧은 기간이고 대체근로자 없이 유급으로 이루어진다는 점에서 휴가라고 불리는 게 더 적절할 것이다.

아빠육아휴직이 아니라 아빠출산휴가가 되었을 때 갖는 또 하나의 장점은 아빠출산휴가 사용을 보편화하는 데 더 도움이 되리라는 기대이다. 육아휴직이 일부 지원자가 선택하는 것임에 반하여 출산휴가는 누구나 사용하고 있다. 아빠출산휴가를 누구나 보편적으로 "사용해야 할 권리"로 인식하게 함으로써 제도의 확산을 꾀하는 것이다. A기업 사례는 한 달간 육아휴직이 남성들 사이에 보편화되었을 때 기업문화도 성평등한 방향으로 바뀌어 나갈 수 있음을 보여주었다.

육아휴직은 별도의 제도로 계속 존재할 필요는 있을 것이다. III장 내러티브에서 보듯이 개인적인 선호나 여러 사정으로 남성이 장기간의 육아휴직을 선택하는 경우도 있기 때문이다.

아빠출산휴가제도가 확산되기 위해서는 국가의 재정적 지원이 중요할 것이다. 남성 육아휴직자들은 공공부문에 근무하거나 복지제도가 잘 갖추어진 대기업에 근무하는 경우가 많다. A그룹은 육아휴직의무제를 사용하는 남성직원에게 통상임금 100%를 보전해주고 있는데, 이러한 여력을 갖추진 못한 기업이 더 많을 것이다. 중소기업뿐 아니라 비정규직으로 근무하는 경우, 영세 자영업에 종사하는 경우 등 열악한 근로환경에 있는 경우에는 자체적으로 출산휴가나 육아휴직 중 소득을 지원하기 어려울 것이다. 저출산이 심각한 문제이고 이를 해결하기 위해 대응을 해야 한다면, 개별 기업에 부담을 지울 것이 아니라 아빠출산휴가비는 국가 재정으로 지원해야 할 것이다.

국가가 지원해야 할 부분은 한 가지 더 있다. A그룹의 '대디스쿨'처럼 아빠들을 위한 교육과정을 마련하는 것이다. 교육과정은 이들을 계몽하려는 것이 아니라, 육아에 필요한 실용지식을 전수하는 것이 되어야 한다. 이러한 교육과정을 통해 자연스럽게 아빠들의 육아 커뮤니티도 형성될 것으로 기대된다.

강유진. 2014. “가족친화제도 이용경험에 영향을 미치는 요인.” 『한국지역사회생활과학회지』 25(2): 147-161.

강혜경. 2013. “남성 육아휴직자의 양육 경험과 성별관계의 변화: 남성 육아휴직자의 양육 실천의 경험을 중심으로.” 『여성학논집』 30(2): 133-167.

고용노동부. 2019. 2018년 아빠 육아휴직 사용현황 보도자료(2019.1.24.).

고용노동부. 2019a. 2018 고용보험백서. https://www.moel.go.kr/info/publicdata/majorpublish/majorPublishView.do;jsessionid=KJ1aTlKAeRTCrcco7ebCW1cICKPwu2cwIlCfTVdhpeq9dbREyYZks8nYzjBWEBAA.moel_was_outside_servlet_www2?bbs_seq=20180800102&searchDivCd=2 에서 2019. 9. 30. 인출.

고용노동부. 2019b. 소중하고 확실한 행복, 아빠 육아휴직 1만 7천 명 돌파! http://www.moel.go.kr/news/enews/report/enewsView.do?news_seq=9578에서 2019. 9. 1.인출.

권순범 · 김해중 · 소효종. 2018. “맞벌이 여부에 따른 아버지의 영아자녀 돌봄 맥락: 시간적, 장소적, 관계적 맥락을 중심으로.” 『한국가정관리학회지』 36(4): 31-40.

김미영 · 조선화. 2018. “아버지의 역할수행이 청소년의 학업적 자기효능감에 미치는 영향: 자아탄력성의 매개효과를 중심으로.” 『한국놀이치료학회지(놀이치료연구)』 21(1): 107-124.

김상미 · 남진열. 2011. “청소년의 자아존중감과 대인관계능력에 대한 아버지 역할수행의 영향.” 『청소년복지연구』 13(2): 315-334.

김소영 · 옥선화. 2000. “기혼 남성의 아버지역할과 직업역할 몰입 유형화의 생활만족도.” 『한국가정관리학회지』 18(2): 125-139.

김연진. 2013. “남성 육아휴직제도를 통한 젠더체계 메커니즘과 변화에 관한 연구: ‘보편적 돌봄’의 가능성을 중심으로.” 석사학위논문, 서울대학교.

김연진 · 김수영. 2015. “남성의 육아휴직 경험에 대한 연구: 이분법적 젠더 역할에 대한 인식 변화 가능성을 중심으로.”『사회복지연구』 46(4): 285-319.

김유경 · 구혜령. 2016. “일-가정 균형의 개념과 일-가정 갈등 및 향상과의 관계.”『가족과 문화』 28: 1-31.

김정민 · 김혜민 · 김용주. 2010. “아버지의 역할수행이 청소년기 자녀의 정서지능과 스트레스 대처행동에 미치는 영향.”『한국가정관리학회지』 28(2): 77-87.

김정주 · 김용미. 2011. “유아기 자녀를 둔 아버지의 사회, 심리적 특성과 아동기 경험이 아버지 역할수행에 미치는 영향.”『아동교육』 20(1): 113-129.

김진욱 · 권진. 2015. “아버지들의 육아휴직 경험에 관한 질적연구.”『한국사회정책』 22(3): 265-302.

김진희. 2005. “남성의 아버지 역할 수행과 유능감에 관한 연구: 초등학교 저학년 자녀를 둔 남성을 중심으로.”『한국가정관리학회지』 23(1): 113-123.

김태윤 · 김미숙. 2016. “‘남성’의 ‘육아휴직제도’ 사용에 관한 취업모의 인식 및 요구.”『한국유아교육 · 보육행정연구』 20(4): 613-653.

김혜선. 2005. “첫 아버지됨의 체험.”『아동학회지』 26(5): 73-87.

김혜영. 2010. “한국가족의 특징과 가족정책의 주요 쟁점.”『젠더리뷰』 17: 20-28.

김혜영 · 황정미 · 선보영 · 김동기. 2008. “남성의 부성경험과 갈등에 관한 연구.”『한국여성정책연구원』 9: 1-344.

김혜원. 2010. “저출산 고령화시대의 일가정 양립정책.”『노동리뷰』 7: 5-22.

노성숙 · 한영주 · 유성경. 2012. “한국에서 ‘워킹맘’으로 살아가기: 직장인엄마의 다중역할 경험에 대한 현상학적 연구.”『한국심리학회지: 상담 및 심리치료 』 24(2): 365-39.

민현주. 2010. “기업특성과 가족친화제도 활용 용이성: 여성관리자의 육아휴직 및 본인병가제도 활용을 중심으로.”『노동정책연구』 10(3): 119-145.

박선주 · 강민주. 2017. "맞벌이 가정 아버지의 성역할태도와 어머니 문지기 역할이 아버지의 양육 참여도에 미치는 영향." 『육아정책연구』 11(3): 87-111.

박응임. 2005. "중년기 남성의 아버지 역할 정체감과 아버지 역할수행." 『한국가정관리학회 학술발표대회 자료집』 49-59.

박철순 · 고은미. 2018. "아빠 육아 참여와 제도에 대한 인식 및 요구분석." 『육아지원연구』 13(1): 197-220.

서혜영 · 이숙현. 1999. "남성의 일-아버지 역할 갈등과 부모 역할 만족도 및 부모로서의 유능감." 『한국가족관계학회지』 4(2): 257-280.

성민정 · 원숙연. 2018. "아버지 대상 가족친화제도 디커플링 인식 및 영향요인: 배우자 출산휴가와 육아휴직을 중심으로." 『행정논총』 56(4): 157-188.

송요현 · 현온강. 2006. "아버지의 역할수행과 아동 및 청소년의 사회성." 『아동학회지』 27(5): 19-34.

송요현 · 현온강. 2008. "아동 및 아버지가 지각한 아버지 역할수행이 아동의 사회성에 미치는 영향." 『한국가정관리학회지』 26(3): 131-147.

송지원. 2018. "스웨덴, 노르웨이, 덴마크의 육아휴직제도 및 사용실태." 『국제노동브리프』 16(1): 65-72.

송혜림 · 고선강 · 박정윤 · 권혜진 · 김유경 · 진미정. 2010. "가족친화환경 측면에서 본 남성의 아버지 역할 수행 실태." 『한국가족자원경영학회지』 14(4): 341-361.

송혜림 · 박정윤 · 고선강 · 권혜진 · 김유경 · 진미정. 2010. "남성의 아버지역할 수행실태." 『한국가정관리학회 학술발표대회 자료집』 191-198.

신건호. 2019. "아버지의 자녀가치와 문화성향이 양육참여에 미치는 영향." 『디지털융복합연구』 17(5): 369-377.

양소남. 2013. "아버지의 부성경험: 다양한 역할수행의 긴장과 갈등." 『디지털정책연구』 11(2): 375-383.

여성가족부. 2011. "2011년 기업 및 공공기관의 가족친화수준 조사 보고서."

여성가족부. 2015. "2015년 기업 및 공공기관의 가족친화수준 조사."

여성가족부. 2018. “2018년 기업 및 공공기관의 가족친화수준 조사.”

여성가족부 · 가족친화지원센터. 2012. “2012년 가족친화지수 조사 보고서.”

오미희. 2018. “한국과 일본의 아버지 자녀양육참여에 관한 연구.” 『일본문화연구』 65: 121-139.

유계숙. 2010. “기업의 가족친화제도가 근로자의 자녀출산에 미치는 영향.” 『한국가정관리학회지』 28(2): 89-96.

유계숙. 2012. “저출산 대응을 위한 일-가정 양립지원정책.” 『한국심리학회지: 문화 및 사회문제』 18(1): 111-125.

윤기영 · 손영빈. 2011. “아버지의 역할지각, 양육참여도가 어머니의 결혼만족도에 미치는 영향.” 『미래유아교육학회지』 18(3): 105-126.

윤서영 · 정옥분. 1999. “아버지의 역할수행과 아동의 사회적 적응과의 관계.” 『아동학회지』 20(2): 101-123.

이연승 · 김현정 · 최진령. 2017. “자녀양육 지원제도에 대한 아버지의 인식 및 요구.” 『유아교육연구』 37(5): 549-564.

이연승 · 최진령 · 김현정. 2017. “아버지의 육아참여에 대한 인식, 실태 그리고 어려움.” 『유아교육연구』 37(4): 811-829.

이영환. 2016. “우리나라 아버지 연구 동향과 과제.” 『한국보육지원학회지』 12(6): 59-78.

이옥경 · 안영혜. 2017. “아빠육아 참여 및 육아장애 요인에 대한 인식: 부산광역시를 중심으로.” 『한국영유아보육학』 107: 33-59.

이정덕 · 황정해. 2000. “남성의 아버지됨 경험에 관한 연구 - 취학전 자녀를 둔 아버지를 대상으로 -.” 『한국가족관계학회지』 5(2): 43-65.

이진숙. 2008. “독일의 일-가족 양립정책에 대한 연구.” 『한 · 독 사회과학논총』 18(3): 165-190.

이진숙 · 이슬기. 2015. “일-가족 양립정책 이용이 일-가족 양립 인식에 미치는 영향에 관한 연구.” 『공공사회연구』 5(1): 103-138.

이채정. 2009. “스웨덴, 일본, 한국의 일가족양립지원정책 비교.” 『현대사회와 문화』 28: 105-138.

이현아 · 김선미 · 이승미. 2016. “학령기 자녀를 둔 아버지의 가사노동시간과 자녀돌봄시간에 영향을 미치는 요인.” 『한국자치행정학보』 30(2): 231-261.

장영은 · 박정윤 · 이승미 · 권보라. 2011. “유자녀 취업여성이 경험하는 일-가정 균형에 관련된 변인에 대한 연구.” 『한국가정관리학회지』 29(2): 63-72.

정미라 · 강수경 · 김민정. 2015. “부부 간 의사소통이 영아기 자녀를 둔 아버지의 양육참여에 미치는 영향: 아버지 양육효능감의 매개효과.” 『한국영유아보육학』 92: 19-40.

정영금. 2011. “일생에 걸친 경력관리를 통한 일-생활 균형에 관한 기초연구.” 『한국가정관리학회지』 29(1): 41-53.

정영금 · 양지명. 2017. “가족친화문화 조성을 위한 가족친화지원사업의 발전방향: 제3차 건강가정기본계획의 가족친화제도를 중심으로.” 『생활과학연구논집』 36(1): 85-102.

조윤경 · 민웅기. 2012. “아버지들의 육아휴직 실현과정을 통해 본 가족복지정책 이념의 재구조화.” 『생태유아교육연구』 11(3): 29-56.

중앙일보 2016년 12월 29일자. 기사 〈지역별 가임기 여성 수 공개한 ‘출산지도’ 논란… “가축취급하나”〉 https://news.joins.com/article/21058390 에서 2020. 2.2.에 인출.

최숙희. 2016. “남성육아휴직제도 활성화에 대한 고찰: 해외사례 중심으로.” 『여성연구논총』 18: 37-62.

최은영 · 최소연 · 김유정 · 안선희. 2017. “원가족 아버지로부터의 양육태도 경험과 아버지의 양육참여.” 『아동과권리』 21(3): 331-352.

최지훈 · 안선희. 2018. “가족친화제도와 남편의 자녀돌봄 참여가 기혼여성의 추가출산의향에 미치는 영향.” 『한국가정관리학회지』 36(1): 75-85.

통계청. 2019. 합계출산율. http://www.index.go.kr/potal/main/EachDtlPageDetail.do?

한경자 · 허보윤. 2009. “유아기 자녀를 둔 아버지의 양육참여도와 어머니 우울.”

『부모자녀건강학회지』 12(2): 131-146.

한지숙 · 유계숙. 2007. "기혼근로자의 성역할 태도와 일가족 지향성이 일-가족 갈등/촉진 및 가족친화제도 이용에 미치는 영향." 『한국가정관리학회지』 25(5): 143-166.

한지숙 · 유계숙. 2009. "기업의 가족친화제도 시행의 장애요인과 탄력적 근무제도 활성화 방안에 관한 연구." 『한국가정관리학회지』 27(5): 207-220.

한지영. 2016. "보편적 돌봄권 확보를 위한 현행 육아휴직제도 개선방안." 『이화젠더 법학』 8(1): 153-183.

홍승아. 2010. "맞벌이가족의 일-가족양립 지원." 『월간 복지동향』 137: 18-21.

홍승아. 2018. "남성 육아휴직과 기업의 조직문화." 『젠더와 문화』 11(1): 145-183.

황정해. 2006. "아버지됨(Fathering) 경험이 남성의 성인기 발달에 미치는 의미 탐색." 『한국가정관리학회지』 24(2): 43-60.

Bandura, A. 1994. Self-efficacy. In V. S. Ramachaudran (Ed.), (Vol. 4, pp. 71-81). New York: Academic Press. (Reprinted in H. Friedman [Ed.], Encyclopedia of mental health. San Diego: Academic Press, 1998).

Burke, P. J., and Reitzes, D. C. 1991. "An Identity Theory Approach to Commitment." *Social Psychology Quarterly*, 54(3): 239-251.

Burke, P. J., Owens, T. J., Serpe, R. T., and Thoits, P.A. 2003. *Advances in Identity Theory and Research*. NY: Kluwer Academic/Plenum Publishers.

Clark, S. C. 2000. "Work/Family Border Theory: A New Theory of Work/ Family Balance." *Human Relations*, 53(6): 747-770.

D'Addio, A. C., and d'Ercole, M. M. 2005. "Trends and Determinants of Fertility Rates." *OECD Social, Employment and Migration Working Papers*, 27.

Desrochers, S. and Sargent, L. D. 2004. "Boundary/Border Theory and Work-Family Integration." *Organization Management Journal*, 1(1): 40-48.

Duxbury, L. E., Higgins, C. A., and Coghill, D. 2003. *Voices of Canadians: Seeking Work-Life Balance*. Ottawa: Human Resources Development

Canada, Labour Program.
Esping-Andersen, G. 2009. *Incomplete Revolution: Adapting welfare states to women's new roles*. Oxford: Polity Press.
Galinsky, Ellen, 1987 The Six Stages of Parenthood Addison-Wesley Harris, K. M., Furstenberg, F. F., Jr., & Marmer, J. K. 1998. "Paternal involvement with adolescents in intact families: The influence of fathers over the life course." *Demography, 35*(2): 201-216.
Hill, C. E. 2016.『합의적 질적 연구』. (주은선 역). 서울: 학지사.
Hill, C. E., Knox, S., Thompson, B. J., Williams, E. N., Hess, S. A. & Ladany, N.317 2005. Consensual Qualitative Research: An Update. *Journal of Counseling Psychology, 52*(2): 196-205.
Lamb, M. E., Pleck, J. H. & Levin, J. L 1985. The role of the father in child development: The Effect of increased parental Involvement. in B.B, Lahey and A.E. Kazdin(Eds). *Advances in clinical child Psychology* 8: 229-266. New York: Plenum.
Lamb, Michael E. 2000. "The History of Research on Father Involvement." *Marriage & Family Review,* 29: 23-42.
Marks, S. R., and MacDermid, S. M. 1996. "Multiple Roles and the Self: A Theory of Role Balance." *Journal of Marriage and the Family*, 58(2): 417-432.
Mullan, K., H., Furstenberg, F. Jr., Marmer, J. K. 1998. "Paternal involvement with adolescents in intact families: The influence of fathers over the life course." *Demography,* 35(2): 201-216.
Nippert-Eng, C. E. 1996. *Home and Work: Negotiating Boundaries Through Everyday Life*. Chicago: University of Chicago Press.
Parsons, Talcott. 1955. *The American Family: Its relations to Personality and to the Social Structure 'Family Socialization and Interaction Process' ed by Talcott Parsons and Robert F.* Bales The Free Press N.Y. : 3-33.
Pasley, K., Petren, R. E., and Fish, J. N. 2014. "Use of Identity Theory to Inform Fathering Scholarship." *Journal of Family Theory & Review*, 6(4): 298-318.

Pleck, E.H., & Pleck, J.H. 1997. Fatherhood ideals in the United States: Historical dimensions. In M.E. Lamb (Ed.), *The role of the father in child development*(pp. 33-48). New York, NY: John Wiley & Sons, Inc.

Stets, J. E. and Burke, P. J. 2000. “Identity Theory and Social Identity Theory.” *Social Psychology Quarterly*, 63(3): 224-237.

Stryker, S. 1968. “Identity Salience and Role Performance.” *Journal of Marriage and the Family*, 4: 558-564.

Stryker, S. 1980. Symbolic Interactionism: A Social Structural Version. Menlo Park: Cummings.

Tellis, W. M. 1997. “Application of a Case Study Methodology.” *The Qualitative Report*, 3(3): 1-19.

Voydanoff. 2005. “Toward a Conceptualization of Perceived Work Family Fit and Balance: A Demands and Resources Approach.” *Journal of Marriage and Family*, 67(4): 822-836.

Wadsworth, L. L., and Owens, B. P. 2007. “The Effects of Social Support on Work–Family Enhancement and Work–Family Conflict in the Public Sector.” *Public Administration Review*, 67(1): 75-87. Yin, R .K. 2016. 신경식, 서아영, 송민채 옮김. 『사례연구방법』. 한경사.

아산재단연구총서

001 전환기의 중국경제
김윤환 외 | 단국대 경제학과

002 폴란드 경제의 변천 개혁과 그 전망
김광수 | 숭실대 경제학과

003 재소한인
이광규 외 | 서울대 인류학과

004 소련산림과 임업
홍성천 외 | 경북대 임학과

005 아세안의 정치경제
김국진 외 | 외교안보연구원

006 태국의 사회변동과 경제발전
최석만 외 | 전남대 사회학과

007 중국의 사회경제 통계분석
신한풍 외 | 고려대 통계학과

008 중국의 정치와 경제
박두복 외 | 외교안보연구원

009 동유럽의 개혁과 시장경제의 도입
허만 외 | 부산대 사범대학

010 동유럽의 개혁운동
박영신 | 연세대 사회학과

011 현대 러시아 연구
기연수 외 | 한국외대 노어과

012 전략적 선택과 기업의 국제경쟁력
이장호 | 서강대 경영대학

013 협동사회의 정착과 정부의 역할
이종범 외 | 고려대 행정학과

014 한국 제조기업 생산성의 동적 분석
노부호 외 | 중앙대 경영대학

015 분배의 정의
변형윤 외 | 서울대 경제학과

016 도덕적 행동의 강화
이훈구 외 | 연세대 심리학과

017 관료부패와 통제
김해동 외 | 서울대 행정대학원

018 한국경제의 내실 있는 성장
정창영 외 | 연세대 경제학과

019 한국국민정신운동의 역사와 발전방향
박수명 외 | 부산대 사범대학

020 한국대학생의 가치성향과 상담효과
이영희 외 | 숙명여대 교육학과

021 가출청소년과 학교관리체제
안창규 외 | 부산대 교육학과

022 동북아 정세변화와 한 · 일관계
한승조 외 | 고려대 정치외교학과

023 언론과 부정부패
정대철 외 | 한양대 신문방송학과

024 한국의 고등학교 교육
이원호 외 | 부산대 교육학과

025 가족과 방송
김학수 외 | 서강대 신문방송학과

026 재정개혁의 전망과 재산세제의 개편과제
오연천 | 서울대 행정대학원

027 청소년을 위한 전자게임 프로그램의 규제 및 평가체계 개발
박혜원 외 | 울산대 가정관리학과

028 정신장애자 가족의 사회심리적 특성
이근후 외 | 이화여대 의과대학

029 가족의 관계역동성과 문제인식
이광규 외 | 서울대 인류학과

030 현대인과 한국전통음식
승정자 | 숙명여대 식품영양학과

031 기업의 초고속정보통신망활용
안중호 | 서울대 경영학과

032 지역발전을 위한 교육자치제의 개선방안
김남순 | 조선대 사범대학

033 전환기의 공무원 가치관
조경호 | 울산대 행정학과

034 지방자치와 사회복지의 과제
김영모 | 중앙대 사회복지학과

035 WTO체제하의 지방중소기업 지원정책
최명주 외 | 계명대 통상학부

036 현대한국의 시민운동
이효선 | 중앙대 사회학과

037 기업 세계화의 단계 및 정도의 측정
허영도 외 | 울산대 경영학과

038 가족복지를 위한 가족주치의 시범사업의 효과
이혜리 외 | 연세대 가정의학교실

039 한국대학생의 삶의 만족도
김재은 외 | 이화여대 교육심리학과

040 지역경제와 지역산업구조의 개편방향
정기화 외 | 전남대 경제학부

041 중국기업의 소유형태별 경영특성
노철화 외 | 부산대 무역학과

042 남북한의 인성 · 사상교육
한승조 외 | 고려대 정치외교학과

043 연계적 뇌기능 조언을 위한 의료용 멀티미디어 시스템의 설계
유선국 | 연세대 의용공학교실

044 다민족국가의 민족문제와 한인사회
최협 외 | 전남대 인류학과

045 저소득층지역 청소년 여가문화와 소집단 활성화
박문수 외 | 서강대 사회학과

046 삶의 질의 국제비교와 지역간 비교분석
이재기 외 | 울산대 경제학과

047 21세기 지역주민의 삶의 질
양종회 외 | 성균관대 사회학과

048 삶의 질에 대한 국가간 비교
조명한 외 | 서울대 심리학과

049 외국인 노동자의 노사관계와 사회적 적응
석현호 외 | 성균관대 사회학과

050 한국의 사법제도와 발전 모델
정종섭 | 건국대 법학과

051 고령화사회와 중상층 노인의 사회활동
조성남 외 | 이화여대 사회학과

052 한국의 서비스 시장 개방정책
한홍렬 | 한양대 경제학부

053 한국과 AFTA간의 교역증진 및 경제 협력방안
손일태 외 | 경희대 경제통상학부

054 물류비 절감을 위한 무역업체의 정보화전략
이영수 외 | 경북대 경제통상학부

055 사회주의 체제전환과 사회정책
오정수 외 | 충남대 사회복지학과

056 남북통일 이후 농업생산체계 개편
홍성규 외 | 건국대 농업경제학과

057 국제화와 세계화
하영선 외 | 서울대 외교학과

058 IMF 개혁정책의 평가와 한국경제의 신(新) 패러다임
조동근 | 명지대 경제학과

059 구조개혁과 실업대책
박동운 | 단국대 경제무역학부

060 21세기 신노사관계
심윤종 외 | 성균관대 사회학과

061 학교에서의 집단 따돌림
이춘재 외 | 가톨릭대 심리학과

062 한국노인의 정신건강실태와 건강증진
조맹제 외 | 서울대 의과대학

063 혁명과 개혁 속의 중국 농민
김광억 | 서울대 인류학과

064 중국의 경제환경과 한국기업의 진출 전략
지용희 외 | 서강대 경영학과

065 김대중 대통령의 시스템 사고
김동환 | 중앙대 공공정책학부

066 실업과 가족해체
최일섭 외 | 서울대 사회복지학과

067 합리적 부채비율 조정방안
오상근 | 동아대 경제학과

068 한국 중산층의 생활문화
문숙재 외 | 이화여대 소비자 · 인간발달학과

069 계층간 갈등상태에서 최적소득세
김진욱 | 건국대 경상학부

070 글로벌 경쟁력 제고를 위한 기업전략과 조직구축
이만우 외 | 고려대 경영학과

071 의료보험과 국민연금의 관리효율화를 위한 통합방안
사공진 외 | 한양대 경제학부

072 정부개혁의 과제와 전략
박우서 외 | 연세대 행정학과

073 책임운영기관 제도에 관한 비교분석
김근세 | 가톨릭대 행정학과

074 새로운 패러다임하에서의 한국기업의 바람직한 지배구조
최운열 외 | 서강대 경영학과

075 현대 한국사회의 계층구조
양춘 외 | 고려대 사회학과

076 한국의 산업정책과 산업구조조정
강인수 | 숙명여대 경제학부

077 기업구조조정
김석진 | 경북대 경영학부

078 지식경영을 위한 인적자원 개발 및 관리체계
장영철 | 경희대 경영학부

079 뉴 비즈니스 모델
전성현 | 국민대 정보관리학부

080 중산층의 정체성과 소비문화
함인희 외 | 이화여대 사회학과

081 외국관광객 유치를 위한 마케팅 전략
박상규 | 강원대 경영학과

082 한국인의 세내벌 문학의식
이동순 | 영남대 국문과

083 공공부문의 효율성 평가와 측정
김재홍 외 | 울산대 사회과학부

084 한국 청소년의 정치의식과 형성요인
김광웅 외 | 숙명여대 아동복지학과

085 한국 대학생의 정치의식
배한동 | 경북대 윤리교육과

086 산업의 정보화와 산업발전
이기동 | 계명대 통상학부

087 한국 제조업의 고용조정 분석
이종원 외 | 성균관대 경제학부

088 지식자산에 대한 경영전략적 평가모형 개발
배재학 외 | 울산대 컴퓨터 · 정보통신공학부

089 관광사업을 위한 한국적 이미지의 휴식복 개발
채금석 | 숙명여대 의류학과

090 한국 정치제도의 개혁
신정현 | 경희대 사회과학부

091 e비즈니스와 아웃소싱 전략
정승화 외 | 연세대 경영학과

092 집단 따돌림의 진단 및 치료방안
홍준표 | 중앙대 인간생활환경학과

093 16대 총선과 낙선운동
조기숙 | 이화여대 국제대학원

094 부동층 유권자 행태 분석
진영재 | 연세대 정치외교학과

095 사이버 공동체의 성공요인
이재관 | 숭실대 경영학부

096 온라인 소비자 행동의 이론과 실증
윤성준 | 경기대 경영학부

097 글로벌 시대 정약용 세계관의 가능성과 한계
차성환 | 한일장신대 역사사회학과

098 러시아의 체제전환 과정에서 나타난 국가의 역할과 그 전망
이상민 외 | 부산대 정치외교학과

099 남북한의 경제발전 수준과 산업구조 비교, 그리고 경제교류 협력방향
주성환 | 건국대 경제학과

100 집단따돌림과 교육해체
한준상 | 연세대 교육학과

101 공적연금제도의 효율성과 개선방안
유금록 | 군산대 행정복지학부

102 벤처기업-대기업의 성공적인 협력 모델
나종덕 | 경산대 경영학과

103 북한의 재외동포정책
조정남 외 | 고려대 정치외교학과

104 사이버 공동체 형성의 역동적 모형
장용호 | 서강대 신문방송학과

105 기업이론과 기업의 소유지배구조
김일태 외 | 전남대 경제학부

106 가축분뇨 자원화를 위한 공동이용 조직에 대한 농가선호도 분석
유덕기 | 동국대 생명자원경제학과

107 개혁정책과 전문가 집단
이경원 외 | 제주대 행정학과

108 현대 한국사회의 이중가치체계
신수진 외 | 이화여대 가정관리학과

109 한국의 산업구조 변화와 기업집단 다각화 전략
김용학 외 | 연세대 사회학과

110 지식정보사회의 경제적 모형 설정 및 사례 연구
김범환 | 배제대 경영정보학부

111 변호사징계제도
오종근 | 한림대 법학부

112 인터넷 특허법
김순석 | 광주대 법학과

113 e-비즈니스 시대의 금융 및 재정정책의 새로운 패러다임
이종욱 | 서울여대 경제학과

114 청소년의 하위문화와 정체성
조성남 | 이화여대 사회학과

115 디지털금융시대의 금융구조변화와 정부규제 및 정책
이충열 | 고려대 경제학부

116 지식경영을 위한 기업의 조직설계방안
김경수 외 | 전남대 경영학과

117 전자금융의 발달과 경제정책의 새로운 패러다임
이명훈 | 명지대 경제학과

118 동아시아의 안보와 유엔체제
강성학 편저 | 고려대 정치외교학과

119 유료 치매노인 그룹홈의 개발과 관련 정책
최정신 외 | 가톨릭대 소비자 · 주거학과

120 소비자 지향적 문화산업 정책
홍영준 | 호남대 광고홍보학과

121 국제 · 국가 · 지방 환경규제의 연계
정준금 외 | 울산대 행정학과

122 현행 회사 합병 · 분할제도의 평가와 개선방안
옥무석 외 | 이화여대 법학과

123 배려지향적 도덕성과 정의지향적 도덕성
정옥분 외 | 고려대 사범대학

124 기업구조조정에 대한 채권금융기관 및 금융감독기관의 역할과 책임
이중기 | 한림대 법학과

125 실업대책으로서 한국의 법정기준근로 시간 단축
박영범 | 한성대 경제학과

126 프랑스어의 비분리성 소유개념 표현
노윤채 | 연세대 언어정보연구원

127 지방채의 효율적 관리방안
강태구 | 호원대 법행정학부

128 21세기 산업구조 변화와 과학기술정책
임채성 외 | 그리스도신학대 경영정보학부

129 인터넷 쇼핑몰 이용자의 불평행동
예종석 | 한양대 경영학부

130 한국기업의 성과급제도 현황, 효과 및 개선방안
김성수 | 서울대 경영학과

131 전자상거래와 소비자보호
서민교 외 | 경일대 인터넷국제통상학과

132 평생학습 사회에서의 인적자원개발을 위한 사회적 파트너십 구축
김영화 | 홍익대 교육학과

133 한국 공교육의 새로운 구상과 전략
권대봉 외 | 고려대 교육학과

134 한국의 정부개혁
김태룡 | 상지대 행정학과

135 지방정부 생산성 측정의 이론과 실제
이은국 외 | 연세대 행정학과

136 불가 시문학론
배규범 | 경희대 학술연구 교수

137 남북경제교류의 법적 문제
제성호 | 중앙대 법학과

138 경제위기와 청소년 발달
구인회 | 서울대 사회복지학과

139 생명과학기술의 응용과 기본권보호적 한계
정상기 외 | 한남대 법학과

140 경제발전과 정치환경의 한 · 일 비교분석
정갑영 외 | 연세대 동서문제연구원

141 한국 공교육의 진단
윤정일 외 | 서울대 교육학과

142 우리나라 지방자치 발전을 위한 자치단체장의 역할
정성호 외 | 경기대 사회과학부

143 의료보험제도의 개혁방안
권순원 | 덕성여대 경제학과

144 중등 도덕교육의 현실과 문제
손동현 외 | 성균관대 철학과

145 사이버공동체 발전론
이명식 | 상명대 경영학과

146 남북경협 확대에 대비한 북한 담보제도의 정비방안
박훤일 | 경희대 법과대학

147 한국 공무원 인사제도 개혁
김판석 | 연세대 행정학과

148 교사화법 교육
임칠성 외 | 전남대 국어교육과

149 세계화의 문화정치학
임혁백 외 | 고려대 정치외교학과

150 효과적인 e-SCM을 위한 의사결정조정 시스템 모형
이원준 | 성균관대 경영학부

151 환경거버넌스
김종순 외 | 건국대 행정학과

152 자동차산업의 인적자원관리
이덕로 | 서원대 경영학부

153 한국과 영국 간 지식기반산업 비교
이명호 | 한국외대 경영학과

154 한국 벤처기업의 기술네트워킹 및 기술마케팅 전략
장영일 | 인제대 경영학부

155 회사변호사의 윤리
오승종 | 성균관대 법과대학

156 미디어교육론
이정춘 | 중앙대 신문방송학과

157 조선시대 서원과 양반
윤희면 | 전남대 역사교육과

158 환경문제와 철학
박찬국 | 서울대 철학과

159 노인보건복지 이론과 실제
김명 외 | 이화여대 보건교육학과

160 북한의 법체계
권재열 외 | 숭실대 법학과

161 생명공학기술의 안전성 확보에 관한 법적 고찰
이재협 | 경희대 법학부

162 청소년복지학
김성이 외 | 이화여대 사회복지학과

163 변화하는 세계, 변화하는 복지국가
조영훈 | 동의대 사회복지학과

164 의리의 윤리와 한국의 유교문화
김낙진 | 진주교대 도덕교육과

165 미국의 통상정책과 통상법
윤충원 | 전북대 무역학과

166 사회복지 프로그램 평가
김학주 | 경상대 사회복지학과

167 환경주의와 지속가능한 발전
정대연 | 제주대 사회학과

168 무역과 환경
김기흥 외 | 경기대 경제학부

169 산업계 유해폐기물의 위험과 관리
김금수 | 호서대 경상학부

170 백범 김구의 지적 계발과정 탐색
문용린 | 서울대 교육학과

171 태평양전쟁 발발 이후 일제의 인적 지배와 그리스도교계의 대응
윤선자 | 전남대 사학과

172 거버넌스 상황에서 갈등관리를 위한 대체적 분쟁해결제도
서순복 | 광주대 법정학부

173 시장경제의 유형과 민주주의
최배근 | 건국대 경상학부

174 일본고전소설 총론
김현정 | 국립한국전통문화학교

175 국어 교육을 위한 국어 문법론
이관규 | 홍익대 국어교육과

176 율곡의 군주론
전세영 | 부산교대 윤리교육과

177 동북아시아 환경협력
정서용 | 명지대 법학과

178 기후변화협약과 기후정책
신의순 외 | 연세대 경제학과

179 인터넷과 국제 학술정보 네트워크-하이퍼링크 분석
박한우 | 영남대 언론정보학과

180 국내 기업복지의 활성화 방안
최수찬 | 연세대 사회복지대학원

181 세계화와 인간안보
김우상 외 | 연세대 정치외교학과

182 세계문화유산 종묘 이야기
지두환 | 국민대 국사학과

183 한국 평생교육의 사회철학적 과제
곽삼근 | 이화여대 교육학과

184 강점모델
정순둘 | 이화여대 사회복지학과

185 글로벌시대의 계약법
박영복 | 한국외대 법과대학

186 배심제와 시민의 사법참여
안경환 | 서울대 법학과

187 동북아공동체
김재한 | 한림대 정치외교학과

188 정치 참여와 탈물질주의
김욱 | 배재대 정치외교학과

189 퍼지전문가회로망을 이용한 금융기관의 사이버 기업여신결정 지원시스템의 개발
권혁대 | 목원대 경영학과

190 환경정책과 환경법
송인성 | 전남대 지역개발학과

191 포스트모던 시대의 평생교육학
한숭희 | 서울대 교육학과

192 현대 한국인의 세대경험과 문화
박길성 외 | 고려대 사회학과

193 서구의 근로연계복지
김종일 | 건국대 사회복지학과

194 사회복지운동론
현외성 | 경남대 사회복지학과

195 외국의 역모기지 사례
유선종 | 건국대 부동산학과

196 옛이야기와 어린이문학
이지호 | 진주교대 국어교육학과

197 노인사회복지관광의 정책과제와 방안
김창수 | 경기대 관광학부

198 복지서비스의 민간위탁 시스템 분석
김순양 | 영남대 행정학부

199 새로운 빈곤층의 대두와 정부의 정책과제
김진욱 | 건국대 경제학과

200 문화행정론
김정수 | 한양대 행정학과

201 스칸디나비아 노인용 코하우징의 계획과 적용
최정신 외 | 가톨릭대 생활과학부

202 북한의 자연생태계
공우석 | 경희대 지리학과

203 통계로 이해하는 러시아
전홍찬 | 부산대 정치외교학과

204 사회복지법인의 경영과 회계
이동규 | 충남대 회계학과

205 의약분업 정책과정
차흥봉 | 한림대 사회복지학과

206 지역공동체와 평생교육
오혁진 | 동의대 평생교육학부

207 아동보호서비스의 실제
한미현 | 백석대 사회복지학부

208 그린마케팅
박재기 | 충남대 경영학부

209 아동권리와 아동복지
이혜원 | 성공회대 사회복지학과

210 국제 이주와 인도인 디아스포라
김경학 | 전남대 인류학과

211 질병과 의료의 사회학
조병희 | 서울대 보건대학원

212 북한이탈주민의 사회통합을 위한 지역복지실천의 모색
이기영 | 부산대 사회복지학과

213 치매노인케어론
조유향 | 초당대 간호학과

214 노인상담입문
서혜경 외 | 한림대 대학원 사회복지학과

215 '통일 이후 통일과정'으로서의 독일 통일영화
이준서 | 이화여대 독어독문학과

216 중국의 사회보장
오정수 | 충남대 사회복지학과

217 환경자원의 경제적 가치와 환경오염의 사회적 비용
김재홍 | 울산대 사회과학부

218 사회복지프로그램의 경제적 평가방법
박창제 외 | 상주대 사회복지학과

219 자유의지와 결정론
안건훈 | 강원대 철학과

220 심리학자들이 쓴 행복한 결혼의 심리학
채규만 외 | 성신여대 심리학과

221 현대 해석학 강의
양해림 | 충남대 철학과

222 한국인의 주거 빈곤과 공공주택
하성규 | 중앙대 도시및지역계획학과

223 IMF 경제위기와 한국 출산력의 변화
김두섭 | 한양대 사회학과

224 동아시아의 영토분쟁과 국제법
이석우 | 인하대 법학부

225 독일 복지국가와 사회복지서비스
정재훈 | 서울여대 사회사업학과

226 사회복지사를 위한 실용 비모수통계
엄명용 | 성균관대 사회복지학과

227 피해자학 연구
이윤호 | 동국대 경찰행정학과

228 광고언어창작론
박영준 외 | 부경대 국어국문학과

229 환경규제 패러다임의 전환
한철 | 한남대 법학과

230 고령사회의 노동환경변화와 고용 시스템의 문제점 및 법적 대응
고준기 | 국립군산대 법학과

231 세계화와 소득불평등
이성균 외 | 울산대 사회과학부

232 유비쿼터스 사회의 이해
안중호 외 | 서울대 경영학과

233 국제환경책임법론
박병도 | 건국대 법학과

234 한국의 선거와 민주주의
윤종빈 | 명지대 정치외교학과

235 한국 시민운동의 구조와 동학
조대엽 외 | 고려대 사회학과

236 또래관계
송영혜 | 대구대 재활심리학과

237 해외 한국기업과 현지인 노동자
석현호 외 | 에스콰이아학술문화재단

238 독일 국가복지에서 민간복지단체의 역할과 의미
차성환 외 | 한일장신대 사회복지학부

239 청정공학
조정호 | 동양대 생명화학공학과

240 한국전통연희론
심상교 | 부산교육대 국어교육학과

241 정신장애와 가족
서미경 | 경상대 사회복지학부

242 빈곤통계의 작성과 활용
김주환 | 동국대 정보통계학과

243 인터넷과 한국정치
강원택 | 숭실대 정치외교학과

244 북한의 시장경제이행
정영화 외 | 서경대 법학과

245 시스템사고로 본 지속가능한 도시
문태훈 | 중앙대 도시및지역계획학과

246 실버산업과 유비쿼터스 컴퓨팅
고일상 | 전남대 경영학부

247 재활상담과 사례관리
나운환 | 대구대 직업재활학과

248 영유아교육기관에서의 장애 이해 교육
유수옥 | 우석대 유아특수교육과

249 장애의 사회적 의미와 사회통합
박수경 | 대진대 사회복지학과

250 경제분석의 수리적 기초
조인성 | 공주대 경제통상학부

251 비영리부문의 비교연구
김승현 | 서울산업대 행정학과

252 고등교육경제학
반상진 | 전북대 교육학과

253 과학윤리교육의 이론과 방법
조희형 | 강원대 과학교육학부

254 결혼이민자가족의 이해
김오남 | 대불대 사회복지학과

255 동아시아 국가의 공공부조
신동면 | 경희대 사회과학부

256 특수아동 진단 및 평가
이나미 | 대불대 특수교육과

257 계약형 사회복지와 권리옹호시스템
이명현 | 경북대 상주캠퍼스 사회복지학과

258 실내공기질 및 위해성 관리
양원호 | 대구가톨릭대 산업보건학과

259 충남 방언 문법
한영목 | 충남대 국어국문학과

260 교육권론
노기호 | 군산대 법학과

261 도시경관계획론
임승빈 | 서울대 조경 · 지역시스템공학부

262 교통의 새로운 패러다임
김형철 | 경원대 도시계획 · 조경학부

263 노인의 삶의 질 향상을 위한 주거환경 디자인
천진희 | 상명대 디자인대학 실내디자인전공

264 사회복지와 문화
박병현 | 부산대 사회복지학과

265 장애인복지의 이론과 실제
이선우 | 인제대 사회복지학과

266 창의성 개발을 위한 디자인교육 콘텐츠
김선영 | 인천가톨릭대 조형예술대학 환경디자인학과

267 구성주의 사회복지 실천 기술론
고미영 | 서울신학대 사회복지학과

268 장애아교육학
김기흥 | 부산교육대 유아교육과

269 지역사회복지와 자원부문
한상진 외 | 울산대 사회학과

270 환경관리회계
육근효 | 부산외국어대 회계학부

271 인권 관점에서 보는 장애인복지
유동철 | 동의대 사회복지학과

272 정신증상
송지영 | 경희대 의과대학병원 신경정신과

273 사이버공간의 사회심리학
이성식 외 | 숭실대 정보사회학과

274 노인에 대한 사회적 돌봄과 돌봄서비스의 질 보장
최희경 | 신라대 가족노인복지학과

275 아동 심리치료의 실제
신현균 | 전남대 심리학과

276 사회복지와 위험관리
노충래 | 이화여대 사회복지전문대학원

277 국제 탄소시장의 이해
양승룡 | 고려대 식품자원경제학과

278 타자의 초상
신문수 | 서울대 영어교육과

279 한국정치와 환경정치
나정원 | 강원대 정치외교학과

280 북한이주민
윤인진 | 고려대 사회학과

281 음주의 사회경제적 비용
정우진 외 | 연세대 보건대학원

282 지방정치와 동북아 도시거버넌스
박재욱 | 신라대 행정학과

283 노숙인 복지론
남기철 | 동덕여대 사회복지학과

284 유럽통합과정과 지역협력
이규영 | 서강대 국제대학원

285 사회복지재정 연구
지은구 | 계명대 사회과학대학 사회복지학과

286 지역사회 교육개혁을 위한 시민사회 조직의 참여
김영화 | 홍익대 교육학과

287 복지사회를 대비한 국민연금의 구조개혁
박영석 외 | 서강대 경영학부

288 한미 FTA 지재권 협상에 따른 의약품 분야 사회후생 변화
오근엽 | 충남대 무역학과

289 산업입지, 환경 그리고 지역경제
이기동 외 | 계명대 국제통상학과

290 감성지능 개발을 통한 삶의 질 향상
김경수 외 | 전남대 경영학부

291 교육복지론
이용교 외 | 광주대 사회복지학부

292 인간과 행복에 대한 철학적 성찰
박찬국 | 서울대 철학과

293 유럽연합의 사회통합 사례와 교훈
이무성 | 명지대 정치외교학과

294 민영화와 사회후생
이상호 | 전남대 경제학부

295 북한의 교육학 체계 연구
최영표 외 | 동신대 교육대학원

296 한국 지속가능발전의 구조와 변동
정대연 | 제주대 사회학과

297 우리나라의 공익 연계 마케팅에 관한 연구
임승희 | 전주대 경영학부

298 시각장애인복지론
김영일 | 조선대 특수교육과

299 그린에너지와 환경촉매
정석진 | 경희대 화학공학과

300 취약학교 초등학생을 위한 온라인 보건교육 프로그램
박경옥 | 이화여대 보건관리학과

301 신탁제도를 통한 고령자의 보호와 지원
최수정 | 서강대 법학전문대학원

302 사회적 약자계층에 대한 실태분석 및 정책방안
이은우 외 | 울산대 경제학과

303 한류 문화와 동북아 공동체
최혜실 | 경희대 국어국문학과

304 노동유연화와 해고보호법
권혁 | 부산대 법학전문대학원

305 사회복지 위험관리의 이해
박미은 | 한남대 사회복지학과

306 의료기관의 회계와 세무
노준화 | 충남대 경영학부

307 여성인적자원의 전문성 확보를 위한 경력개발
백지연 | 이화여대 국제사무학과

308 정신병리
강선경 | 서강대 신학대학원

309 바다의 반란 적조
윤양호 | 전남대 해양기술학부

310 한국 장애인 복지 발달사
이성규 | 서울시립대 사회복지학과

311 서양예술 속의 동양 탐색
진상범 | 전북대 독어독문학과

312 한국인의 도덕성 발달 진단
문용린 | 서울대 교육학과

313 영국정치와 국가복지
고세훈 | 고려대 공공행정학부

314 인간학적 사유를 여는 중도 · 중복장애 교육학
이숙정 | 단국대 특수교육과

315 개별화 교육과정
이소현 | 이화여대 특수교육과

316 인간의 긍정적 성품
권석만 | 서울대 심리학과

317 지방자치와 지역여성의 전망
이혜숙 | 경상대 사회학과

318 한국 현대 노년소설 연구
전흥남 | 한려대 교양학부

319 정보격차 해소를 위한 창의적 정보교육 프로그램
이영준 외 | 한국교원대 컴퓨터교육과

320 한국 가족과 젠더
손승영 | 동덕여대 교양학부

321 한국의 복지혼합
김진욱 | 서강대 신학대학원

322 사회자본과 자원봉사
김태룡 외 | 상지대 행정학과

323 농촌교육복지연구
박삼철 | 단국대 교양학부

324 사회정체성 평가 차원에 대한 국제비교조사
이명진 | 고려대 사회학과

325 캐나다 복지국가 연구
조영훈 | 동의대 사회복지학과

326 한국의 소수자운동과 인권정책
전영평 외 | 서울대 행정대학원

327 한국과 미국의 보육서비스 전달체계와 품질 비교분석
김근세 외 | 성균관대 국정관리대학원

328 한국사회의 소득불평등과 국민 의료이용
이용재 | 호서대 사회복지학과

329 정보시대의 인간안보
조화순 | 연세대 정치외교학과

330 가족의 사회경제적 특성과 아동발달
김광혁 | 전주대 사회복지학과

331 초 · 중 · 고등학생의 학업소진 진행과정 및 경로분석
이상민 | 고려대 교육학과

332 다문화사회의 사법통역
이지은 | 이화여대 통역번역대학원

333 동아시아 지역주의
유현석 | 경희대 정치외교학과

334 환경친화적 공공시설관리와 지역공동체의 삶의 질
이소영 | 중앙대 실내디자인 · 주거환경학과

335 의료보험의 법정책
김나경 | 성신여대 법과대학

336 양극화 시대 가족해체와 청소년의 적응에 관한 한국과 미국의 비교 연구
오승환 외 | 울산대 사회복지학과

337 기업의 사회적 책임과 지역경제사회 발전 연구
허영도 외 | 울산대 경영학부

338 노인의 삶의 질 향상을 위한 온라인 소셜 네트워크 구축 방안
김진우 | 연세대 경영학과

339 청소년 생활역량
윤명희 외 | 동의대 평생교육학과

340 외국인 배우자의 다양성과 국제결혼의 안정성
김두섭 | 한양대 사회학과

341 정보인권의 규범구체화
이민영 | 가톨릭대 법학과

342 한국 사회복지실천의 고유성
최성재 외 | 서울대 사회복지학과

343 스웨덴의 환경책임 실천모형
최희경 | 경북대 행정학부

344 자율운동과 주거공동체
윤수종 | 전남대 사회학과

345 한국인의 공공봉사동기
김상묵 | 서울과학기술대 행정학과

346 한국 이혼가정 아동의 성장
김혜숙 | 경인교육대 교육학과

347 동양 사상과 노인 복지
홍승표 외 | 계명대 사회학과

348 노동과 사회보장의 연계
오문완 | 울산대 법학과

349 학습장애 위험군 아동의 조기선별을 위한 읽기검사 표준화 연구
김애화 외 | 단국대 특수교육학과

350 신 · 재생에너지에 기초한 녹색성장과 사회통합
김인호 | 이화여대 법학전문대학원

351 문화교류역량과 다문화 경영이 기업 경영성과에 미치는 영향
임병학 외 | 부산외대 경영학부

352 빈곤영유아의 발달과 적응
정익중 외 | 이화여대 사회복지학과

353 민사법질서와 인권
양천수 | 영남대 법학전문대학원

354 성년후견제도와 사회복지제도의 연계
신권철 | 서울시립대 법학전문대학원

355 한국 다문화사회의 이방인
김순양 | 영남대 행정학과

356 현대 시민사회와 소비자계약법
이병준 | 한국외대 법학전문대학원

357 개인의 사회적 정보보호를 위한 공공정보서비스 개선 연구
장항배 | 상명대 경영학과

358 여성교육투자에 대한 교육경제학적 탐색
백일우 외 | 연세대 교육학부

359 사회적 기업과 지속가능한 지역발전
임업 외 | 연세대 도시공학과

360 다문화가정 구성원에 대한 투트랙 한국어 교육방안 연구
박시균 | 군산대 국어국문학과

361 아시아의 빈곤과 한국기업의 역할
한인수 | 충남대 경영학부

362 유치원 · 초등학교 연계 환경교육
박희숙 | 공주대 유아교육학과

363 비정규 고용과 사회정책
구인회 외 | 서울대 사회복지학과

364 사생활의 자유에 관한 비교법적 연구
이창현 | 서강대 법학전문대학원

365 다중융합 환경 기반의 미디어스킨을 활용한 문화콘텐츠 디자인 적용방안에 관한 연구
오문석 외 | 광운대 미디어영상학부

366 북한이탈주민 여성의 성인식 관련 기초조사
한인영 외 | 이화여대 사회복지학과

367 노인주택 파노라마
유선종 | 건국대 부동산학과

368 시설보호 청년의 적응
정선욱 | 덕성여대 사회복지학과

369 다수 집단과 소수 집단의 심리
김혜숙 | 아주대 심리학과

370 바이오 휴머니티
권택영 | 경희대 영어학부

371 프랑스 다문화교육의 이해
이경수 | 상명대 불어교육과

372 한 · 중 서비스산업의 비교분석과 교역 확대 방안
김상호 | 리츠메이칸 아시아태평양대 국제경영학부

373 현대의학에 있어서 생명의 시간과 인간의 존엄
김학태 | 한국외대 법학전문대학원

374 0~3세 영유아의 영상물 과몰입 실태조사 및 정신건강증진 프로그램 개발과 적용
이경숙 | 한신대 재활학과

375 복지국가의 조세와 정치
양재진 외 | 연세대 행정학과

376 청소년기 자살행위 실태와 관련 요인
박선희 | 경희대 간호과학대학

377 기술혁신에 따른 지역 간 정보격차
최정혜 외 | 연세대 경영대학

378 한국 사회의 이중구조와 생애주기적 불평등
안상훈 편 | 서울대 사회복지학과

379 소비자의 친환경행동에 영향을 미치는 사회적 · 경제적 가치에 대한 고찰
송재기 | 텍사스테크대 경영학과

380 어머니 양육행동 관련 변인들과 유아 사회정서행동 간의 구조모형 분석
심숙영 | 숙명여대 원격대학원

381 조선족 여성, 동남아시아 여성 그리고 새터민의 적응 유형 분석 및 삶의 질 향상 방안 모색
정태연 | 중앙대 심리학과

382 세계의 연금, 한국의 연금
허만형 | 중앙대 공공인재학부

383 노인요양원과 문화 변화
최재성 | 연세대 사회복지학과

384 시민사회와 국제개발협력
손혁상 | 경희대 공공대학원

385 복지국가의 변화와 빈곤정책
김윤태 | 고려대 사회학과

386 다문화가정의 미디어 이용과 사회적 자본의 관계
진창현 | 경기대 경영학과

387 사회진출 대졸 초년생의 탄력성 변화 양상
이상민 | 고려대 교육학과

388 사회자본과 경제발전 그리고 정부의 질
도수관 | 대구가톨릭대 행정학과

389 망명과 귀환이주
서장원 | 고려대 독일문화학과

390 근거기반실천과 사회복지
김유진 | 경북대 사회복지학부

391 인터넷상 정보 유통에 대한 새로운 저작권 규율 방향 모색
박준석 | 서울대 법학전문대학원

392 한국 사회의 인종차별적 담화구조
이창수 | 한국외대 통역번역대학원

393 사회복지사의 사회복지 가치 지향
김용석 | 가톨릭대 사회복지학과

394 개인정보의 국제적 유통에 따른 법적 문제와 대책
박훤일 | 경희대 법학전문대학원

395 정신장애인의 인권
서미경 | 경상대 사회복지학과

396 취약계층 비만청소년들의 체중관리를 위한 건강증진 프로그램의 효과
김영호 | 서울과학기술대 스포츠과학과

397 한국 전통의 돈의 문학사, 나눔의 문화사
서신혜 | 한양대 창의·융합교육원

398 와이파이 공간과 모바일 정보 격차
이건학 | 서울대 사회과학대학

399 도시정비사업의 법적 쟁점과 해설
성중탁 | 경북대 법학전문대학원

400 사회서비스 제공기관의 조직요인과 성과
신창환 | 경북대 사회복지학부

401 도시 사운드스케이프 디자인
전진용 외 | 한양대 건축공학부

402 지방의회 의원윤리연구
김택 | 중원대 경찰행정학과

403 발달장애인 자립생활 증진을 위한 역량탐색 및 주거로서의 해결과제
김라경 | 광주교육대 교육학과

404 외국인고용제도개선과 인권
김상호 외 | 경상대 법과대학

405 사회복지연구에서 질적방법과 분석
김인숙 | 가톨릭대 사회복지학과

406 현대미술에서의 예술적 성장과 창의적 인재양성
백경미 | 울산과학기술원 기초과정부

407 현대인의 삶과 문화예술교육
곽삼근 | 이화여대 교육학과

408 문화적 배경과 체화된 인지
민동원 | 단국대 경영학부

409 아동 섭식행동평가 척도 표준화 및 섭식문제 현황 조사
정경미 | 연세대 심리학과

410 잊혀질 권리: 이상과 실현
문재완 | 한국외대 법학전문대학원

411 인권의 지역화: 일상생활의 인권 증진을 위하여
김중섭 | 경상대 사회학과

412 다문화 시대 이주민의 한국어 의사소통
민병곤 외 | 서울대 국어교육과

413 다문화 시대의 문화교육 커리큘럼
윤여탁 외 | 서울대 국어교육과

414 다문화 시대의 통일교육
박성춘 외 | 서울대 윤리교육과

415 다문화 시대 사회 통합을 위한 시민 교육
이진석 외 | 부산대 일반사회교육과

416 다문화 관련 법률 및 제도
박성혁 외 | 서울대 사회교육과

417 생태복원의 인문학적 상상력
김성도 외 | 고려대 언어학과

418 다국내 출생 다문화가정 청소년의 아픔과 분투: 사회적 차별로부터의 회복과 성장
서영석 | 연세대 교육학과

419 종교심리학의 이해: 죽음인식의 논의를 중심으로
김재영 | 서강대 종교학과

420 글로벌 시대의 사회통합: 세계적 추세와 한국의 위상
장용석 외 | 연세대 행정학과

421 소규모 사회적기업과 소셜미디어 마케팅
박철 | 고려대 글로벌비즈니스대학

422 동아시아 가면극의 역사와 전승양상
전경욱 | 고려대 국어교육과

423 무엇이 우리를 행복하게 하는가?
구교준 외 | 고려대 행정학과

424 디지털 중독의 이해와 대응 방안
오원석 외 | KAIST 경영대학

425 지속가능발전목표(SDG) 시대 한국의 복지와 행복지표 측정
한준 외 | 연세대 사회학과

426 지방정부 간 사회복지 불균형과 시민 행복
장용석 외 | 연세대 행정학과

427 일 · 여가의 변화와 행복 복지
유홍준 외 | 성균관대 사회학과

428 가족시간과 삶의 질
이윤석 외 | 서울시립대 도시사회학과

429 사회복지사의 유데모니아: 사회복지의 가치와 보람, 그리고 행복
송인한 외 | 연세대 사회복지대학원

430 행복을 위한 움직임
안문경 | 국민대 교양대학

431 읽기 장애 조기 선별검사의 측정학적 적합성 연구
여승수 | 부산교육대 유아교육학과

432 문화적 다양성과 창의성: 심리학적 관점
장재윤 | 서강대 심리학과

433 내일의 종언(終焉)? 가족자유주의와 사회 재생산 위기
장경섭 | 서울대 사회학과

434 산림공유자원관리로서 금송계 연구
배수호 외 | 성균관대 행정학과

435 한국 경제발전의 문화적 기원: 추격성장, 발전국가 그리고 문화적 혼종성
김명수 | 한양대 정보사회학과

436 4차 산업혁명의 일자리 진화
이민화 | KAIST 미래전략대학원

437 금융 분야에 있어서 4차 산업혁명 시대와 일자리 대책
고동원 | 성균관대 법학전문대학원

438 노동의 디지털화와 산업노동의 미래: 독일 산업 4.0을 중심으로
임운택 | 계명대 사회학과

439 4차 산업혁명과 고등교육 개혁
김민희 외 | 대구대 교직부

440 4차 산업혁명과 일자리 정책의 미래
권혁 외 | 부산대 법학전문대학원

441 복지공급론: 보건복지의 수단과 체계
강창현 | 단국대 공공관리학과

442 생각 중심 교육
박주용 | 서울대 심리학과

443 청소년 독자의 정체성과 문식 활동
이순영 | 고려대 국어교육과

444 인간의 심리를 조작하는 사회공학기술
김석수 | 한남대 멀티미디어학부

445 한국사회 이타적 행동에 대한 이해
강철희 외 | 연세대 사회복지대학원

446 이주민의 사회적 배제: 세대 간 전이와 민족 계급화를 중심으로
최혜지 | 서울여대 사회복지학과

447 사회복지, 업의 변화와 마케팅
이원준 | 청주대 경영학과

448 충남 민속의 이해
이필영 | 한남대 역사교육과

449 한국 청소년들의 공동체지향목표
신종호 외 | 서울대 교육학과

451 지방 인구구조의 변화와 지역 사회복지 전달체계
기정훈 | 명지대 행정학과

452 고령 친화적 도시재생뉴딜: 일본의 고령 친화 주거지재생 정책 사례 연구
김현주 | 서울연구원 초빙 부연구위원

454 남자가 출산휴가를 간다면?: 아빠노동자 형성을 위한 남성 육아휴직 사례 연구
최새은 외 | 한국교원대 가정교육학과

455 한국 다문화 사회의 교육과 복지 실천
김영순 외 | 인하대 사회교육과

456 뉴미디어와 이주민: 소셜미디어시대 서울 지역 중국동포들의 미디어 이용과 적응
김용찬 | 연세대 언론홍보영상학부

457 제1기 헌법재판소: 헌법재판의 황무지에 단단한 초석을 놓다
임지봉 | 서강대 법학전문대학원

458 저소득층 초등학생을 위한 식생활교육 프로그램 개발: 심리 · 사회적, 영양학적 요인을 중심으로
김경원 외 | 서울여대 자연과학대학 식품영양학전공

459 지역공동체 참여의 이론과 현실: 지속가능하고 포용적인 공동체를 위한 대안의 모색
한상일 | 연세대 글로벌행정학과

460 한국가정과 다문화가정 내 배우자 폭력의 유형 및 특성 비교 연구
그레이스 정 | 서울대 아동가족학과

아산재단연구보고서

001 한국인의 도덕성 연구
배해수 | 고려대 국문학과

002 산업화와 청소년 진로
이원호 | 울산대 교육학과

003 공동체의식과 시민운동
김영섭 | 한양대 행정학과

004 한국청년의 삶의 의미 충족도와 만족적 태도
안정수 | 경희대 철학과

005 중국소선족의 사회발선과 한 · 중관세의 위상
손장권 | 고려대 사회학과

006 해송림 "솔껍질깍지벌레"의 천적 및 주요 종의 생태
김규진 | 전남대 농생물학과

007 사회정의와 실천윤리
박종대 | 서강대 철학과

008 동구개혁의 영향
김달중 | 연세대 정치외교학과

009 한국청소년의 의식세계
김문조 | 고려대 사회학과

010 고강도 철근 콘크리트 구조의 실용화
정헌수 | 중앙대 건축학과

011 신기술의 연관형태 및 출현예측의 구조모형
권철신 | 성균관대 산업공학과

012 민간기업의 연구개발을 위한 조세정책
권영훈 | 한양대 경제학부

013 기술개발 활성화방안
송승구 | 울산대 화학공학부

014 부패의 현상과 진단
이문조 | 영남대 정치외교학부

015 연구투자의 지역적 편중화와 부산지역의 기초과학연구 활성화방안
윤웅찬 | 부산대 화학과

016 GATT의 신구 덤핑방지협정과 그 대응 방안
전창원 | 동국대 무역학과

017 한국사회의 도덕성 제고를 위한 진단과 처방
황경식 | 서울대 철학과

018 새로운 노사관계 방향
이진규 외 | 고려대 경영학과

019 21세기 동북아 정세예측과 한국의 전략적 대응방안
최평길 외 | 연세대 행정학과

020 소련의 한국에 대한 정책목표분석
신승권 | 한양대 정치외교학과

021 메모리 커패시터용 $Pb(Zr_xTi_{1-x})O_3$ 강유전체 박막의 제작과 특성
장지근 외 | 단국대 전자공학과

022 러시아 국제법학의 전통
김용구 | 서울대 외교학과

023 유럽연합의 현황과 전망
김동현 외 | 성균관대 행정학과

024 중국의 정치동원
송영우 외 | 건국대 정치외교학과

025 산업적 활용을 위한 이동로보트 시스템의 개발
박민용 외 | 연세대 전자공학과

026 중국조선족의 정치사회화과정과 동화적 국민통합의 방향
전인영 외 | 이화여대 사회생활학과

027 공적부조의 이론과 실제
최일섭 외 | 서울대 사회복지학과

028 대외통상환경의 변화와 법제개편
서헌제 | 중앙대 법학과

029 기업금융의 국제화
최생림 | 한양대 경영학부

030 자동차부품공업의 노사관계
김호진 외 | 고려대 행정학과

031 산업화 과정에서의 한국가족의 실태와 전망
정창수 외 | 성균관대 사회학과

032 공무원 가치관 실태와 정립방안
배병룡 외 | 경상대 행정학과

033 해외귀국청소년의 국내적응연구
이장영 | 국민대 사회학과

034 초고속정보통신망에서 LAN서비스 제공방인
이재용 | 연세대 전자공학과

035 WTO체제의 정책적 대응
김병진 외 | 경희대 행정학과

036 유럽의 통합정치
최수경 외 | 충남대 정치외교학과

037 유기질폐기물을 이용한 고단백사료원인 조류의 생산공정
최정우 외 | 서강대 화학공학과

038 초고속정보통신망의 수용성과 정책방향
박영상 외 | 한양대 신문방송학과

039 중국의 강남사회와 한중교섭
조영록 외 | 동국대 사학과

040 세계화시대의 사회 · 문화의식
신행철 외 | 제주대 사회학과

041 국내 외국인 노동자의 문제와 대책
성규탁 외 | 연세대 사회복지학과

042 노인인력 활용정책과 프로그램
김정후 외 | 강원대 법과대학

043 한일간 학술교류 현황과 활성화방안
정홍익 외 | 서울대 행정대학원

044 계량모형에 의한 한일 경제관계의 이해
김명직 외 | 한양대 경제학부

045 직장인의 음주행태와 삶의 질
진기남 외 | 연세대 보건행정학과

046 유통정보 시스템의 구조와 설계
정용길 | 충남대 경영학과

047 남북통일 이후 사회통합을 위한 교육의 역할
안기성 외 | 고려대 교육학과

048 대중음악에 심취한 청소년들의 심리적 특성
김인경 외 | 연세대 인간행동연구소

049 멀티미디어 시스템을 활용한 교육환경의 개선방안
김한일 | 제주대 컴퓨터교육학과

050 탈냉전기 한일관계의 쟁점
최상룡 | 고려대 정치외교학과

051 자치시대 새로운 '삶의 질' 지표의 모색
김형기 외 | 경북대 경제통상학부

052 유럽통합의 역내외 협력과 갈등
이호재 외 | 고려대 정치외교학과

053 21세기를 대비한 신노사관계
김재원 | 한양대 경제학부

054 대학의 시간제학생 등록제
안규철 외 | 전남대 교육학과

055 21세기에 대비한 방송통신정책
한진만 외 | 강원대 신문방송학과

056 주민참여를 통한 혐오시설 관리운영방안
박균성 외 | 경희대 법학부

057 여성의 정치적 권리인식과 정치참여
전경옥 외 | 숙명여대 정치외교학과

058 한국인 위장질환과 식생활 · 환경요인 및 *H. pylori* 감염과의 관계
이양자 외 | 연세대 식품영양학과

059 학생과 시민의 자원봉사활동
윤정일 외 | 서울대 교육학과

060 동북아 환경문제와 지역환경협력의 모색
신연재 외 | 울산대 정치외교학과

061 노인 자원봉사활동을 통한 사회통합 프로그램 개발
김동배 | 연세대 사회복지학과

062 물류정보 시스템
김태현 | 연세대 경영학과

063 전자식 문서교환을 이용한 항공화물 운송체계
민재형 | 서강대 경영학과

064 청소년과 성
이근후 | 이화여대 의과대학

065 민족통합과 무궁화호 위성의 남북한 공동활용방안
방정배 | 성균관대 신문방송학과

066 채식주의가 20대 여성의 영양상태와 에스트로겐 대사에 미치는 영향
성미경 | 숙명여대 식품영양학과

067 가상정보공간을 통한 지역개발 활성화 전략
유재천 외 | 한림대 언론정보학부

068 조산아 관리현황 및 정책수립 방안
박상기 외 | 조선대 의과대학

069 남북한관의 의식조사와 통일교육 개선 방안
김동규 외 | 고려대 북한학과

070 동양 전통 자연사상 탐구
상동순 | 충남대 환경공학과

071 초고속정보망의 시뮬레이터 구현
한기준 | 경북대 컴퓨터공학과

072 유통원가 시스템의 유효성
정다미 | 명지대 경영학과

073 국악과 문화관광의 만남
정익준 외 | 동아대 국제관광통상학부

074 기업의 지식경영 활용사례
김창은 | 명지대 산업공학과

075 선진국과 한국의 직업교육 · 훈련제도의 특성과 한계
정주연 | 고려대 경제학과

076 제주지역 성인 여성의 자원봉사활동
이상철 외 | 제주대 사회학과

077 M&A와 문화충돌 관리
박원우 | 서울대 경영학과

078 폐금속광산 인근 주민들의 중금속 오염실태
정종학 외 | 영남대 의학과

079 북한 농촌 · 농업실태와 인력자원개발 시스템을 통한 북한 농민의 구호방안
박성열 | 건국대 교육공학과

080 중소 소매점의 경쟁력과 소매성과
채명수 외 | 한국외대 무역학과

081 고령자를 위한 쾌적한 실내온도와 착의량의 설정
정운선 | 안동대 의류학과

082 지역문화 이벤트 PR
박종민 | 경희대 언론정보학부

083 인터넷 지역정보화의 실태와 전략
유평준 외 | 연세대 행정학과

084 여성 삶의 질 향상을 위한 사회교육 활성화 방안
김양희 | 중앙대 가족복지학과

085 벤처기업과 벤처금융
강대석 외 | 충남대 무역학과

086 구조조정기에 있어서 실업대책과 사회 안전망 구축
박천익 | 대구대 경제학과

087 한국 유아의 조기교육
이명조 외 | 한국외대 교육대학원

088 남북한 경제공동체 형성전략
이상만 | 중앙대 경제학과

089 지방자치회계의 투명성과 주민의 알 권리
권찬태 외 | 경북대 경영학부

090 정치지도자의 정책리더십
이해영 | 경일대 행정학과

091 경제위기와 한국인의 복지의식
신광영 외 | 중앙대 사회학과

092 북한의 노동
김강식 | 한국항공대 경영학과

093 우리나라 중소기업의 정보기술 활용 현황과 경쟁력 강화를 위한 제안
정승호 | 부산외대 정보시스템학과

094 인간배아복제의 법적 · 윤리적 문제점과 그 해결방안
최병규 | 한경대 법학부

095 가치변화에 따른 투표행태
조찬래 외 | 충남대 정치외교학과

096 인터넷 경매에서의 계약체결과 소비자 보호
이기수 외 | 고려대 법과대학

097 세계화시대 남북한 통합의 방향과 과제
윤민재 | 서울대 사회발전연구소

098 글로벌 시대 지방정부의 문화마케팅 전략
박흥식 | 중앙대 행정학과

099 대졸여성실업의 실태분석 및 대학-노동시장 간 효율적 연계방안
이은우 외 | 울산대 사회과학부

100 그린 투어리즘의 분석
이응진 | 대구대 관광학부

101 지방자치단체장의 부정부패
오일환 | 한양대 아태지역연구센터

102 산업화가 유교체제하 중국여성의 지위에 미친 영향
천성림 | 배재대 사회과학연구소

103 움직이는 말하기
유혜숙 외 | 나사렛대 교양학부

104 장애학생을 위한 특수교육공학의 활용
김용욱 | 대구대 중등특수교육과

105 지식기반사회의 평생교육 이해와 평생교육 프로그램 개발
박성열 | 건국대 교육공학과

106 N세대의 미술교육
김동철 | 대구교육대 미술교육학과

107 노후계획과 투자
권택호 | 여수대 국제통상학과

108 영화산업
양영철 | 경성대 연극영화학부

109 동유럽의 변혁과 언론의 역할
정대수 | 경남대 정치언론학부

110 환율, 임금, 물가가 국제경쟁력 및 수출입산업에 미치는 영향
하인봉 | 경북대 경제통상학부

111 일본기업의 기술혁신 전략
위정현 | 중앙대 상경학부

112 노후보장정책과 역저당연금제도
조덕호 외 | 대구대 행정학과

113 유비쿼터스 라이프와 미래 사회
김석수 | 한남대 멀티미디어공학과

114 죽음과 관련된 생명윤리적 문제들
구인회 | 가톨릭의과대 인문사회과학교실

115 경제적 세계화와 빈곤문제, 그리고 국가
김준현 | 한일장신대 인문사회과학부

116 한국의 세계불교유산
김종명 | 한국학중앙연구원 한국학대학원

117 복지레저서비스론
고태규 | 한림대 국제학부

118 자생적 철학체계로서 인간중심철학
선우현 | 청주교대 윤리교육과

119 전략적 통합과 한반도 평화체제
김승채 | 고려대 정책대학원

120 환경사법론
신경훈 | 경희대 법학부

121 인터넷 자료를 통해 본 한국의 이혼 문화와 사회복지
성정현 외 | 협성대 사회복지학과

122 유럽연합의 사회정책에 관한 연구
문진영 | 서강대 신학대학원 사회복지학과

123 여성건강의 통합적 관점
김혜원 | 관동대 간호학과

124 복잡계 네트워크 과학
강병남 | 서울대 물리천문학부

125 경제적인 3세대 전원주택 개발
박근준 | 호서대 건축공학과

126 사회복지와 인적자원개발
이상일 | 인제대 국제경상학부